Jürgen Burmeister/Arnold Köth/Oliver Schrott

Zum Bertoldsbrunnen mit Bus und Bahn

Stadtverkehr in Freiburg

Liebe Mami, liebe Papi,

ich freue mich, daß mein erstes Buch ausgerechnet Freiburg zum Thema hat. Vielen Dank für alles, was Ihr dazu beigetragen habt.

Oliver, im Juni 1988.

alba

CIP-Kurztitelaufnahme der Deutschen Bibliothek

Burmeister, Jürgen:
Zum Bertoldsbrunnen mit Bus und Bahn : Stadtverkehr in Freiburg / Jürgen Burmeister ; Arnold Köth ; Oliver Schrott. – Düsseldorf : Alba, 1988
ISBN 3-87094-335-1
NE: Köth, Arnold:; Schrott, Oliver:

Erschienen Mai 1988
Herstellung Druckerei Rasch, Bramsche
ISBN 3–87094–335–1

Inhalt

STORCHEN A RUDE

Vorwort

des Oberbürgermeisters der Stadt Freiburg Dr. Rolf Böhme Aufsichtsratsvorsitzender der FREIBURGER VERKEHRS AG

Zur Erhaltung der Lebensqualität der Städte und Gemeinden in der Bundesrepublik Deutschland ist aus heutiger Sicht der öffentliche Personennahverkehr unverzichtbar. Bei allen politisch Verantwortlichen, Stadt- und Verkehrsplanern und den Betreibern des öffentlichen Personennahverkehrs herrscht Konsens darüber, daß der ÖPNV wegen seines raumsparenden und umweltfreundlichen Charakters am besten geeignet ist, große Verkehrsmengen zu bewältigen, eine geordnete Stadtentwicklung und den Schutz der Umwelt gleichzeitig optimal zu ermöglichen.

Attraktiver öffentlicher Personennahverkehr ist praktizierter Umweltschutz.

Einigkeit herrscht nach Freiburger Auffassung auch darüber, daß die Attraktivität des ÖPNV grundsätzlich durch ein Bündel von Maßnahmen gesteigert werden kann. Hierzu gehören eine Verkürzung der Reisezeiten, ein verstärkter Ausbau des schienengebundenen Verkehrsmittels auf besonderem Gleiskörper, eine fortlaufende Optimierung des Fahrplan- und Netzangebotes von Bus und Bahn, eine preisgünstige und fahrgastfreundliche Tarifgestaltung sowie ein verstärktes Park-and-Ride- und Bike-and-Ride-Angebot.

Mit der rund 7 km langen neuen Stadtbahnstrecke Innenstadt – Landwasser ist im Juni 1985 ein rd. 90 Mio DM-Projekt fertiggestellt worden, das seit Jahrzehnten auf seine Verwirklichung gewartet hat. Damit wurde ein neuer Zeitabschnitt in der Verknüpfung zwischen den dicht besiedelten westlichen Stadtteilen und der Innenstadt eingeleitet. Der Erfolg dieser neuen Linie läßt sich am besten an der Auswertung der Fahrgastzählung 1987 ablesen. Im Gegensatz zu zahlreichen Betrieben der Bundesrepublik Deutschland konnten die Fahrgastzahlen in Freiburg nicht nur gehalten, sondern im Vergleich zur Fahrgastzählung 1979/81 um beachtliche 20,73% auf 117420 Beförderungsfälle pro Werktag gesteigert werden.

Neben der Inbetriebnahme der Stadtbahn nach Landwasser spielt dabei die auf Beschluß des Gemeinderates ab 1. 10. 1984 eingeführte übertragbare Umweltschutzkarte eine wesentliche Rolle. Freiburg hat damit als erste Großstadt der Bundesrepublik den Weg beschritten, durch Fahrpreissenkung eine Aufwertung des öffentlichen Personennahverkehrs zu erreichen. Dieses Umweltschutzkartenangebot wurde 1987 von 55,27% der Fahrgäste genutzt.

Für die Zukunft bietet die neue Stadtbahn in den Westen die Möglichkeit, weitere Strecken in Richtung Weingarten – Haslach – St. Georgen zu planen und zu bauen, um so die heute noch unzureichend durch Buslinien an die Innenstadt angebundenen dichtbesiedelten Stadtteile südwestlich der Dreisam näher zueinander zu bringen.

Die erfolgreiche Bilanz in der Verkehrspolitik zugunsten der Attraktivitätssteigerung von Bus und Bahn und damit auch der Erfolg der Umweltschutzkarte in Freiburg konnte nur auf der Grundlage einer zielgerichteten Arbeit für den ÖPNV im Zusammenwirken zwischen dem Gemeinderat der Stadt Freiburg, der Stadtverwaltung und der FREIBURGER VERKEHRS AG für die Bürgerschaft und die Region erreicht werden. Dieser Weg muß weiter beschritten werden.

Der vorliegende Band soll zum Verständnis der rund hundertjährigen Entwicklung des ÖPNV in Freiburg beitragen. Fortschreitende städtebauliche, verkehrliche und technische Wandlungsprozesse sind letztendlich besser für den engagierten Bürger verständlich, wenn sie in der Gesamtentwicklung über einen relativ langen Zeitraum in ihrer Folgerichtigkeit verstanden werden. Den Autoren ist dies in dem vorliegenden Buch gut gelungen. Dafür gilt ihnen Dank und Anerkennung.

Freiburg, Februar 1988

Oberbürgermeister Dr. Rolf Böhme

Zu diesem Buch

Vor genau 143 Jahren, am 31. Juli 1845, bekam Freiburg seinen ersten Anschluß ‚an die große Welt'. Mit Eröffnung der badischen Staatsbahnlinie Offenburg–Freiburg konnten die Bürger ihre Stadt am Schwarzwaldrand Richtung Norden auf moderne Art und Weise verlassen. Zehn Jahre später erreichte die Staatsbahn in südlicher Richtung auch die Schweizer Grenze.

Bis die Freiburger auch ‚ihre kleine Welt', die keimende Großstadt Freiburg, zeitgemäß befahren konnten, sollte fast noch ein halbes Jahrhundert vergehen. Bis 1901, als – nach einem Jahrzehnt des Pferdebusverkehrs – die erste Elektrische Freiburg durchquerte.

Aus den zwei Sraßenbahnstrecken der Anfangsjahre ist ein moderner öffentlicher Verkehrsbetrieb geworden, der vielfach sogar als deutscher Musterbetrieb bezeichnet wird. Während zahlreiche Städte in der Nachkriegszeit die scheinbar antiquierte Straßenbahn aufs Abstellgleis schoben, wurde und wird sie in Freiburg konsequent ausgebaut und auf einen Standard gebracht, der – ergänzt durch ein dichtes Omnibusnetz – auch noch im nächsten Jahrhundert gültig sein wird.

Mit diesem Buch legen die Autoren die erste umfassende Darstellung des öffentlichen Nahverkehrs in und um Freiburg vor. Vom Pferdebus bis zur Stadtbahn, von der ersten Omnibuslinie bis zur Schauinsland-Schwebebahn reicht unser Streifzug durch das erste Jahrhundert Freiburger Nahverkehrsgeschichte.

Dabei schulden wir vor allem der Freiburger Verkehrs AG, dem Stadtarchiv Freiburg und vielen derer Mitarbeiter unseren Dank, die beim Zusammentragen des verwendeten Materials geholfen haben. Auch weiterhin freuen wir uns über Anregungen, Hinweise und Ergänzungen. Denn genauso wie der Freiburger Nahverkehr wird auch die Arbeit an seiner Darstellung in Bewegung bleiben.

Düsseldorf, Köln und Mannheim, im April 1988

Freiburg im Breisgau

„Wer Freiburg in seiner ganzen Herrlichkeit beschauen will, der besteige die Höhe des Schloßbergs." Als der Autor eines Stadtführers diese Zeilen 1913 an den Anfang seines Manuskriptes über Freiburg setzte, war das traditionelle Zentrum Südbadens gerade 793 Jahre alt. Historiker würden die Geschichte der (heute 175 000 Einwohner zählenden) kleinen Metropole am Fuß des Schwarzwaldes wohl als „wechselvoll" bezeichnen. 1120 von den Herzögen von Zähringen am alten Handelsweg von Schwaben über den Schwarzwald ins Elsaß gegründet, änderte sich schon 98 Jahre später der Besitzer. Freiburg gehörte zunächst den Herzögen von Urach, später den Habsburgern, im 17. Jahrhundert für zwanzig Jahre sogar den Franzosen. Freiburg war Hauptstadt Vorderösterreichs und französisches Bollwerk, ist seit 1457 Universitätsstadt, seit 1821 Sitz eines Erzbistums. Nach dem zweiten Weltkrieg war das zu mehr als 40 Prozent zerstörte Freiburg für sechs Jahre Hauptstadt von Baden, bis nach der Bildung von Baden-Württemberg der südbadische Regierungspräsident in die Münsterstadt einzog.

Freiburgs Gründung 1120 hatten gerade ein paar hundert Menschen mitbekommen. 250 Jahre später hatte die Stadt schon 9000 Einwohner. Diese Zahl blieb bis zum Anfang des 19. Jahrhunderts konstant. Erst jetzt begann eine stürmische Entwicklung. Bis 1850 hatte sich die Einwohnerzahl schon fast verdoppelt, bis 1890 mit 48 000 Bewohnern sogar mehr als verfünffacht. Ein Rundblick vom – damals noch mit Reben bewachsenen – Schloßberg zeigte gegen Ende des letzten Jahrhunderts eine fast geschlossene Bebauung vom Fuß des Freiburger Haus-Hügels bis zur Bahnlinie Karlsruhe – Basel, die bei ihrer Eröffnung 1845 noch weit westlich vor den Toren der Stadt gelegen hatte.

Rund um die Altstadt mit dem alles beherrschenden gotischen Münster gruppierten sich erst wenige Neubauviertel. Zwischen Herdern und der Stadt erstreckten sich noch Wiesen, die städtische Bebauung endete ungefähr auf der Höhe der Albert- und Ludwigstraße. Im Westen waren erste Teile des Stühlingers bebaut, das 1890 eingemeindete Dorf Haslach lag weit vor den Toren der Stadt.

Die Wiehre und das Gebiet vor dem Lorettoberg waren ebenfalls noch unbebaut, im aufblühenden Gewerbegebiet an der Oberau hatten sich erst vor kurzem die ersten bedeutenden Betriebe niedergelassen.

An der Spitze der Stadtverwaltung stand seit 1888 Dr. Otto Winterer, der 25 Jahre lang Oberbürgermeister blieb. In seine Amtszeit fielen nicht nur der Aufbruch Freiburgs vom Provinzstädtchen zur Großstadt, sondern auch die Einführung der Elektrizität und der Elektrischen. Freiburgs innerstädtisches Straßennetz basiert noch auf Planungen aus der Zähringerzeit und besteht aus zwei Hauptverkehrsachsen, die sich im Stadtzentrum kreuzen. Die übrigen Straßen – je nach Bedeutung in unterschiedlicher Breite – sollten nach den Wünschen der Stadtgründer dem lokalen Verkehr vorbehalten bleiben. Durch dieses System, das sich bis heute erhalten hat, war auch die grobe Grundform des Freiburger Straßenbahnnetzes vorgezeichnet: Ein großes Kreuz. Daran hat sich auch nach Eröffnung der Stadtbahn in den Freiburger Westen im Wesentlichen nichts geändert.

Ein Freiburg der heutigen Größe, in dem mehr als die Hälfte der Bürger in Stadtteilen leben, die es um die Jahrhundertwende noch gar nicht gegeben hat, konnte sich 1888 noch kein Mensch vorstellen, als Dr. Otto Winterer die Geschicke der Stadt in seine Hände nahm. Er mußte sich zunächst einmal darum kümmern, eine moderne Infrastruktur im alten Stadtkern aufzubauen, um Freiburg an der Schwelle zum zwanzigsten Jahrhundert zu einer zeitgemäßen Stadt zu machen.

Stadtverkehr mit 2 PS: Der Pferdebus

1891 war in der Geschichte ein eher ruhiges Jahr. In den USA endeten mit Unterwerfung der Sioux die Indianerkriege, Otto Lilienthal machte seine ersten Flugversuche, Wedekind schrieb „Frühlings Erwachen“ und in New York fand unter tosendem Beifall das erste Sechstagerennen statt. Die Männermode wurde vom Schnürschuh beherrscht, die Sonntagsruhe durch ein Reichsgesetz geregelt und die Gewerkschaften beschlossen, nun auch Frauen aufzunehmen.

Die durchschnittliche Arbeitszeit eines Fabrikarbeiters betrug in jener Zeit 11 Stunden. Die zeitliche Belastung der Berufstätigen aber war noch größer. Da öffentliche Verkehrsmittel fehlten, mußten die Wege von und zur Arbeit meist zu Fuß zurückgelegt werden. Immer öfter wurde damals in der Freiburger Bevölkerung der Ruf nach einem innerstädtischen Verkehrsmittel laut. 1891 war es endlich soweit. Auf Veranlassung des Stadtrates nahm der Fuhrhalter Josef Amann eine erste Pferdebuslinie in Betrieb. Die von zwei Rössern gezogenen Tramwagen verkehrten zunächst auf der wichtigsten Nord-Süd-Achse der aufstrebenden Stadt zwischen dem Siegesdenkmal am nördlichen Ende des Stadtkerns und der Lorettostraße am südlichen Stadtrand. Einzelne Wagen fuhren über die Endhaltestelle hinaus bis nach Günterstal, einem kleinen Vorort am Fuß des Schauinslands, der seit jeher als Freiburger „Hausberg“ gilt. Bis zum zweiten Weltkrieg blieb diese Strekke, die Amann bald in nördlicher Richtung bis zum Gasthaus „Stadt Wien“ verlängerte, das Rückgrat des Straßenbahnnetzes. Erst nach 1945 wurden die Linien 3/4 nach Littenweiler bedeutender.

Nach Fortführung der Linie zur „Stadt Wien“, wo sich die Kutscher gerade im Winter nach der Fahrt auf der eisigen vorderen Plattform erholen konnten, hatte die Strecke eine Länge von 5,2 Kilometern. Die durchschnittliche Fahrtdauer des von den Bürgern wegen seiner schlechten Federung als „Schüttelbahn“ bezeichneten Pferdebusses zwischen Günterstal und dem Gasthaus betrug 50 Minuten. Amann beschäftigte dafür fünf Angestellte und 20 Pferde und war zunächst mehr als zufrieden mit seinem neuen Betrieb. Schon wenige Monate später, am 5. Oktober 1891, eröffnete er zwei weitere Linien durch die Innenstadt. Die erste diente der Entlastung auf der Nord-Süd-Strecke und verkehrte zwischen Albert- und Schillerstraße. Die zweite (Ost-West-)Strecke schloß erstmals den Hauptbahnhof an das Zentrum an und endete an der Nägeleseestraße am östlichen Stadtrand.

Nach dem Fahrplan vom 20. Mai bis 1. Oktober 1894 verkehrten die Busse auf der Hauptlinie innerhalb der Stadt von 7.15 Uhr morgens bis viertel vor acht abends alle 15 Minuten. Die Überlandstrecke nach Günterstal wurde nachmittags wegen der Ausflugsgäste alle 30 Minuten befahren. Morgens verließ der erste Bus das Siegesdenkmal bereits um sechs Uhr, wendete um zwanzig nach sieben am Gasthaus Kyburg hinter Günterstal und verließ den Vorort wieder um 7.30 Uhr Richtung Freiburg. Bis zum Beginn des 30-Minuten-Taktes um 13.30 Uhr folgten nur zwei weitere Fahrten.

Mit der Netzerweiterung aber hatte sich Amann übernommen. „Wegen zu geringer Benutzung der Strecke Nägelesee – Hauptbahnhof, wird diese Route vom 15. d. M. bis auf Weiteres eingestellt“ verkündete „Der Unternehmer“ am 12. März 1894 der Bevölkerung per Anzeige im *Freiburger Tagblatt*. Kurz darauf mußte er ganz aufgeben. Nachdem die Beförderungszahlen langsam, aber stetig abgenommen hatten, rutschte das Geschäft in die roten Zahlen. Weil der Stadtrat Subventionen kategorisch ablehnte, blieb Josef Amann keine Wahl.

Ende 1894 wurde das Thema zum Freiburger Politikum. „Nichts geschieht“, beschwerte sich am 9. Dezember ein unbekannter Einsender in einem Leserbrief ans *Tagblatt*, „ja sogar dem Unternehmer des veralteten Omnibusverkehrs – eine Pferdebahn ist es ja nicht – soll nicht einmal eine Un-

Der Vorgänger des Pferdebusbetriebes. Mit einer Art Leiterwagen wurden trunk- und sangesfreudige Fahrgäste zum Kyburg-Wirt am Ortsrand von Günterstal gefahren

Während die Pferdebusse langsam ihren letzten Fahrten zusteuerten, probte die elektrische Straßenbahn bereits deren Ablösung. Nur für kurze Zeit war die Begegnung beider Verkehrsmittel möglich

Bursengang
Warenhaus
S. Knopf
Delicatessen. Cigarren.
Magazin für Kücheneinrichtungen

terstützung in der Höhe gegeben werden, daß dieser Nahverkehr, bis zu besseren Zeiten, bestehen bleiben kann. Die schlechte Frequenz für den Omnibus rührt daher, weil es zu keiner Annehmlichkeit gehört, in solchen Wagen über gepflasterte Straßen gefahren zu werden; ältere und nervöse Leute müssen sich noch mehr davor hüten. Würde aber eine Elektrische oder Pferdebahn den Verkehr zwischen Zähringen – Günterstal und Bahnhof – Waldsee herstellen, könnte nicht nur auf eine große Zahl Abonnenten mit Jahreskarten, sondern bei dem großen Fremdenverkehr auf eine allgemein große Rente gerechnet werden, da die Verhältnisse hier viel günstiger liegen wie in den meisten anderen Städten gleicher Größe. Auch der allgemeine Geschäftsverkehr würde profitieren, wenn die vielen Privaten der Vorstädte bequemer zur Stadt kommen könnten."

Die öffentliche Diskussion verfehlte ihre Wirkung nicht. Freiburgs Stadtväter begannen nicht nur, sich Gedanken über einen Ausbau des innerstädtischen Verkehrs zu machen, sie gewährten plötzlich auch einen Zuschuß an den Reitbahnbesitzer Adolf Jenne, der den brachliegenden Busbetrieb wieder aufnehmen wollte. Mit öffentlicher Hilfe erstand er bei der „Basler Droschken Anstalt" der Schweizer Gebrüder Settelen sieben Tramwagen. Die Rechnung vom 31. Oktober 1896 weist eine Gesamtsumme von 4932,06 Mark aus: einen Kaufpreis von 625 Mark zuzüglich 437,50 Mark Zollgebühr pro Fahrzeug, dazu kamen 91,56 Mark Fracht und 28 Mark Verladekosten. Nachdem Jenne zunächst nur die Linie vom Gasthaus „Stadt Wien" zur Lorettostraße und deren Fortsetzung nach Günterstal befahren hatte, konnte er zum 1. Oktober 1897 auch die Ost-West-Linie vom Hauptbahnhof zur Nägeleseestraße wieder in Betrieb nehmen. Gleichzeitig führte er eine Numerierung der Strecken ein:

I. Strecke:
Günterstalstraße (Lorettostraße) – Kaiserstraße – Zähringerstraße (Hauptstraße/„Stadt Wien")

II. Strecke:
Hauptbahnhof – Bertold- – Salz- – Schwabentor- – Schwarzwald- bis zur Nägeleseestraße

III. Strecke
Freiburg – Günterstal – Kyburg

Die Überlandlinie nach Günterstal/Kyburg wurde von dem Fuhrunternehmer dabei kurioserweise

Mit der Stadtgemeinde Freiburg im Breisgau vereinbarter

Tramwagen-Fahrplan.

Vom 1. Mai bis 1. Oktober 1898.

I. Strecke: Günterstalstraße—Kaiserstraße—Zähringerstraße.

Abfahrt: Lorettostraße, Morgens 7^{10}, 7^{20}, 7^{30} und so fort alle zehn Minuten bis Abends 8^{20} Uhr.
Abfahrt: Hauptstraße, Morgens 7^{35}, 7^{45}, 7^{55} und so fort alle zehn Minuten bis Abends 8^{45} Uhr.

II. Strecke: Hauptbahnhof—Berthold-—Salz-—Schwabenthor-—Schwarzwald- bis zur Nägeleseestraße.

Abfahrt: Nägeleseestraße, **Morgens 6^{45}**, 7, 7^{10}, 7^{20} und so fort alle 10 Minuten bis Abends 8^{40} Uhr.
Abfahrt: Hauptbahnhof, Morgens 7^{10}, 7^{20}, 7^{30}, 7^{40} und so fort alle 10 Minuten bis **Abends 9 Uhr.**

III. Strecke:

a. Freiburg—Günterstal—Kyburg.

Vormittags.	Nachmittags.
Abfahrt: Siegesdenkmal, . 6	— — — — —
„ Holzmarktplatz, . 9*	12^{10}*, -- 2^{10}*, 4^{10}*, 6^{10}*
„ Lorettostraße . . 9^{05}*	12^{15}, 1^{45}, 2^{15}*, 2^{45}, 3^{15} und so fort alle 30 Minuten bis Abends 7^{45} Uhr.

Die mit * bezeichneten Wagen fahren bis zur Kyburg, die übrigen, mit Ausnahme des Morgens 6^{00} Uhr nach dem Bohrer fahrenden, bis zum Thor Günterstal.

b. Kyburg—Günterstal—Freiburg.

Vormittags	Nachmittags.
Abfahrt: Kyburg, . 7^{20}*, 10*	1^{10}*, 3^{10}*, 5^{10}*, 7^{10}*, 9^{10}*
„ Thor Günterstal . 7^{30}*, 10^{10}*	1^{20}, 2^{20}, 2^{50}, 3^{20}*, 3^{50} und so fort alle 30 Minuten bis Abends 7^{50} Uhr, ferner Nachts 9^{20}* Uhr.

Die mit * bezeichneten Wagen fahren von der Kyburg bis Holzmarktplatz.

Auf der Strecke IIIa und b werden an **Sonn- und Feiertagen** nach Bedarf weitere Wagen eingeschaltet.

Die eingeschalteten Wagen, deren Fahrten am Thor Günterstal beginnen, laufen nur bis Lorettostraße. 3.1

Freiburg im Breisgau, 1. Mai 1898.

Für die Stadtgemeinde: G. Heizmann, Verwalter.
Der Unternehmer: Adolf Jenne.

Freiburg im Faschingsrausch. Und mitten im Menschengetümmel ein Pferdebus. Zur Blütezeit des Pferdebusbetriebes in Freiburg bestand das Netz aus drei Linien. Im Jahr 1900 wurden rund 51 000 Fahrgäste mit dem schwankenden und schaukelnden Verkehrsmittel befördert

zweigeteilt: Stadtauswärts hatte die Strecke im Fahrplan die Bezeichnung IIIa., stadteinwärts aber IIIb.

Bevor er die von seinem Vorgänger Amann eingestellte Linie zwischen Bahnhof und Nägelesee wieder reaktivierte, hatte Jenne eine genaue Kalkulation gemacht. Seine Rechnung für einen 10-Minuten-Betrieb mit drei Wagen sah so aus: 18 Pferde für den Betrieb kosten am Tag insgesamt 36 Mark, zwei Reserve-Pferde weitere vier Mark. Die drei Kutscher verdienen (inklusive Kost) täglich drei Mark pro Person, die Conducteure und die beiden Pferdebuben, die an den Endhaltestellen die Zugtiere wechseln, je zwei Mark. Rechnete Adolf Jenne zusammen, kam er mitsamt Beschlägen, Reparaturen, zwei Mark Krankengeldern und fünf Mark Kapitalzins „für 20 Pferde und eventuelle Unfälle“ auf tägliche Kosten von 69 Mark. Denen standen, bei ungefähren Einnahmen von 15 Mark pro Fahrzeug, aber nur 45 Mark auf der Habenseite gegenüber. Schon damals war der öffentliche Nahverkehr also ein Zuschußgeschäft.

Eine Fahrt von der Endhaltestelle „Stadt Wien“, die mittlerweile mal als Rennweg, mal als Hauptstraße, dann wieder als Zähringerstraße bezeichnet wurde, zur Lorettostraße kostete 20 Pfennig, die Fortsetzung nach Günterstal weitere zwei Groschen. Für das Billet vom Hauptbahnhof zum Nägelesee mußten die Fahrgäste 15 Pfennig bezahlen, eine Teilstrecke kostete fünf Pfennig weniger.

Ende November 1897 machte Adolf Jenne für seine Hauptstrecke zwischen der Lorettostraße und dem Rennweg einen großangelegten Kassensturz. Während des vergangenen Geschäftsjahres vom 1. November 1896 bis zum 31. Oktober 1897 hatte er 40457 Mark eingenommen. Mehr als 28000 mal waren seine Wagen dabei die Habsburgerstraße auf und ab gependelt. Gesamtfahrleistung: über 146000 Kilometer.

Immer häufiger aber machten Achsbrüche und lahmende Pferde dem Betrieb zu schaffen. Ihrem Tagespensum von 30 Kilometern im Trablauf – der war vorgeschrieben, um dem ständig steigenden Verkehrsaufkommen wenigstens einigermaßen gerecht zu werden – waren die Tiere nicht mehr gewachsen. Wurden 1896 noch rund 31000 Fahrgäste gezählt, waren es im Jahr 1900 schon 51000. Das Unternehmen war damit endgültig am Rande seiner Kapazität angelangt. Die Pläne von 1896, Freiburg durch ein großes Netz gleisgebundener Pferdestraßenbahnen zu erschließen, waren längst in den Schubladen des Rathauses verschwunden. Statt dessen diskutierte der Stadtrat über die Vor- und Nachteile der verschiedenen Bahnsysteme. Sollten gasbetriebene oder elektrische Straßenbahnen die „Hafermotoren“ ablösen?

Am 20. September 1901 trat der letzte „Mit der Stadtgemeinde Freiburg im Breisgau vereinbarte Tramwagen-Fahrplan bis zur Inbetriebnahme der elektrischen Straßenbahn“ in Kraft. Nach wie vor galt auf den Linien I und II ein Zehn Minuten-Takt, die Strecke III nach Günterstal wurde, nachdem die Sommergäste abgereist waren, nur noch viermal am Nachmittag befahren. Über den Fahrplan der Linie II hatte Jenne einen kleinen Zusatz geschrieben: „Die Fahrten auf dieser Linie können in Folge der z. Zt. ausgebrochenen Roßkrankheit und des dadurch verminderten Pferdebestandes nicht in vollem Umfang aufgenommen werden.“ Ausgerechnet auf dem Gelände des heutigen Betriebshofes West ließ er die Tierkadaver damals vergraben.

Das Zeitalter der Pferdebusse war endgültig vorbei. Der wachsende Verkehr der Jahrhundertwende benötigte robustere Motoren als zwei Pferdestärken pro Gespann. Immer öfter wurden die Tramwagen von den ersten elektrischen Bahnen überholt, die ihre Probefahrten auf den neuverlegten Schienen machten. Mit Eröffnung der Straßenbahn zwischen Rennweg und Günterstal am 14. Oktober 1901 wurde der Busbetrieb auf dieser Strecke auf Anordnung des Stadtrates eingestellt. Einen guten Monat später ging es auch der dritten und letzten Linie an den Kragen: „Die Abfuhrverwaltung wird beauftragt, dem Unternehmer A. Jenne zu eröffnen, dass die Tramwagenfahrten auf der Linie Bahnhof – Nägeleseestraße am 27. d. Mts. Abends einzustellen sind“, ließ Oberbürgermeister Dr. Otto Winterer am 23. November, wenige Tage vor Inbetriebnahme des elektrischen Betriebes auf dieser Strecke, durch einen Mitarbeiter protokollieren. Und so geschah es dann auch. Vier Tage später rollte abends um halb zehn, nachdem die letzten Passagiere der Abendzüge vom Bahnhof in die Stadt befördert worden waren, endgültig der letzte Pferdebus zurück ins Depot.

Der lange Weg zur Straßenbahn

Daß ein Pferdebus nicht der Weisheit letzter Schluß für die Verkehrsprobleme einer keimenden Großstadt ist, erkannten Freiburgs Stadtväger recht schnell. Kaum hatte der erste Fuhrunternehmer Josef Amann den Tramwagenbetrieb aufgegeben, da kam es im Stadtrat zu den ersten erhitzten Diskussionen über die Zukunft des Nahverkehrs. Auch als sich der Reitbahnbesitzer Adolf Jenne bereiterklärte, sein Glück mit der Übernahme des brachliegenden Pferdebusbetriebes zu versuchen, war allen Beteiligten klar, daß dies nur eine Lösung auf Zeit sein konnte.

1896 begann eine breite Debatte über die Wahl des richtigen Bahnsystems. Ein erster Plan, Freiburg durch ein weitläufiges Netz gleisgebundener Pferdestraßenbahnlinien zu erschließen, wurde zwar heftig diskutiert, letztenendes aber doch nie ernsthaft in Erwägung gezogen. Gas als Energiequelle stand ebenso zur Debatte wie Strom, wobei die Bevölkerung Angst vor herabfallenden Oberleitungen und tückischen Stromstößen aus den Schienen hatte und eine Verschandelung des Stadtbildes durch den Drahtverhau über den Straßen befürchtete. Lange Zeit galten deshalb batteriegetriebene Straßenbahnwagen als Favoriten. Die Tageszeitungen beteiligten sich ebenfalls an der Debatte, indem sie seitenweise Abhandlungen über die Vor- und Nachteile der verschiedenen Antriebsarten veröffentlichten.

Als weiteres Problem erwiesen sich das Martins- und das Schwabentor, zwei alte Stadttore, die die Ausfallstraßen der Altstadt nach Süden und Osten abriegelten und höchstens eine eingleisige Streckenführung erlaubt hätten. Im unerschütterlichen Glauben an den Fortschritt plädierte ein Teil des Stadtrates noch zwei Jahre später dafür, die Reste der alten Stadtbefestigung einfach abzureißen.

Das Interesse der Bevölkerung an der Zukunft des Stadtverkehrs war groß. „Was die zukünftige Straßenbahn betrifft, sollten als Endpunkte derselben Örtlichkeiten gewählt werden, welche gestatten, vielbesuchte Punkte unserer schönen Umgebung leicht zu erreichen", schrieb ein Bürger ans *Freiburger Tagblatt.* „Nur hierdurch kann die Benutzung der Bahn nach den meistens dünn bevölkerten Vorstädten entschieden gefördert werden." 1896, am 20. Dezember, kam es sogar zur Gründung einer privaten Bahngesellschaft. 14 Bürger, darunter ein „Medicinalrath", zwei Fabrikanten, ein Ziegeleibesitzer und ein Gastwirt, wollten die „Freiburger Straßenbahn-Gesellschaft" gründen, um mit dem Aktienkapital von 200000 Mark eine Straßenbahn in Freiburg zu bauen und zu betreiben, wie sie in Paragraph 2 des Gesellschaftsvertrages schrieben.

Um die unfruchtbaren Diskussionen zu beenden, beriefen die Stadtväter 1896 unter Vorsitz der Stadträte Tafel und Amann eine „Commission für die Straßenbahn", die die Bahnsysteme anderer Städte studieren und eine Empfehlung für den Ausbau des Freiburger Stadtverkehrs geben sollte. Schon am 15. Januar 1897 legten die Commissionäre einen ersten Bericht vor, in dem sie empfahlen:

„1) Vorläufig nur die Linie Thennenbacherstraße – Günterstal Tor vorzusehen.
2) Auf der Theilstrecke Thennenbacherstraße – Lorettostraße fünf Minuten-Betrieb einzuführen.
3) Kleine Wagen von 12 Sitzplätzen und 8 Stehplätzen zu verwenden.
4) Für die unter 2 genannte Strecke einen einheitlichen Fahrpreis von 10 Pf. zu erheben.
5) Auf Grundlage dieser Bedingungen ein Concurrenzausschreiben an eine Anzahl von anerkannt leistungsfähigen Gesellschaften zu erlassen, worin sie aufgefordert werden, verbindliche Voranschläge über die Kosten der Anlage und des Betriebes einzureichen."

In einem weiteren Bericht, datiert vom 9. Juli 1897, äußerte sich die „Commission" auch zur Frage des richtigen Antriebssystems. Sie schrieb an den „verehrlichen Stadtrathe":

FREIBURG I.B.

„Aus einer großen Anzahl von Städten liegt die Nachricht vor, daß man den seitherigen Betrieb mit Pferden auf Schienen in elektrischen Betrieb umwandelt. Wenn man, wie z. B. in Wiesbaden, beide Betriebe nebeneinander sieht, kann über die Wahl des Systems kaum noch ein Zweifel bestehen." Würde man, so die Delegationsmitglieder, jetzt noch eine Pferdebahn bauen, käme zurecht die Frage auf, warum der Stadtrat damit so lange gewartet habe." Außerdem würde ein Pferdebetrieb wohl schlecht zu unsern übrigen, auf der Höhe der Zeit stehenden städtischen Einrichtungen passen."

Auch für einen Akkumulatorbetrieb, also batteriegetriebene Straßenbahnen, oder andere Energiearten wie Gas konnte sich die Commission nicht recht erwärmen. Auf der einen Seite erschienen den Experten die Kosten, auf der anderen Seite das Risiko solcher Systeme zu hoch. Nur „das Bewährteste und Erprobteste ist das Beste für uns", schrieben Tafel und Amann in ihren Abschlußbericht und empfahlen den Stadtvätern „das System der oberirdischen elektrischen Zuleitung", also eine elektrische Straßenbahn mit Stromzuführung über eine Oberleitung. Argumentationshilfe für die kritische Bevölkerung: „Städte, welche sich einen weit alterthümlicheren Charakter bewahrt haben als Freiburg – z. B. Lübeck – sind nicht vor der Einführung dieses Trolley-Systems zurückgeschreckt."

Wie schwer den Commissions-Mitgliedern die Entscheidung für ein System gefallen war, läßt sich daran erkennen, daß sie sich eine Hintertür offenließen. „Es ist anzunehmen", stand im Abschlußbericht geschrieben, „daß eine Zeit kommen wird, wo die Mängel des Akkumulatorsystems beseitigt und die Kosten desselben verringert werden. Wir möchten deshalb empfehlen das Schienenprofil und den Unterbau auf unserer Hauptlinie (Lorettostraße – Thennenbacherstraße) so zu wählen, daß es späteren Akkumulatorbetrieben unverändert dienen kann. Wagen, Masten und Drähte werden dann zum größten Teil bei weiteren Linien: Thennenbacherstraße – Friedhof, Schwabenthor – Waldsee, Günterssthal – Bohrer usw. Verwendung finden können." An einen großzügigen Ausbau des Netzes dachte man also schon damals.

Auch eine Planskizze in einer Veröffentlichung des Stadtrates von 1899 enthielt neben dem Grundnetz schon mögliche Linienerweiterungen nach Littenweiler und Merzhausen, nach Haslach, St. Georgen, Betzenhausen, Zähringen und Herdern sowie vier Stadtlinien, unter anderem zum neuen Hauptfriedhof.

Nachdem sich der Bürgerausschuß parallel zur Arbeit der „Commission" auch für den Bau eines Elektrizitätswerkes ausgesprochen hatte, war die Frage des Systems damit endgültig geklärt. Ohne Straßenbahn wäre die geplante „Centrale" an der Ferdinand-Weiß-Straße, gleich neben dem Gaswerk, auch völlig überdimensioniert gewesen: Allein 63 Prozent der Stromkapazität, die sechs mächtige Dampfmaschinen erzeugten, waren für das neue Verkehrsmittel eingeplant.

Die Baukosten für die Straßenbahn wurden von der Commission mit 586000 Mark veranschlagt, die jährlichen Betriebskosten mit 58150 Mark, inklusive Verzinsung und „Erneuerungsfond" insgesamt rund 100000 Mark. Als Betriebseinnahmen prognostizierten die Reisenden in Sachen Zukunft rund 105000 Mark, wobei sie gegenüber dem Pferdebusbetrieb von einer Steigerung der Beförderungsleistung um 66 Prozent auf der Stadtlinie und 33 Prozent auf der Außenstrecke nach Günterstal ausgingen. „Eine solche Bahn könnte also, die Richtigkeit unserer Rechnungen vorausgesetzt, von der Stadt ohne wesentliche Opfer betrieben werden."

Auch wenn bis zur Inbetriebnahme noch vier Jahre vergehen sollten: Der Zukunftstraum Straßenbahn rückte für Freiburg langsam in greifbare Nähe. Am 2. April 1898 schrieb die Stadt einen Wettbewerb aus, der in Form einer Annonce im *Freiburger Tagblatt* und in der *Allgemeinen Offerten-Zeitung für die Berg-, Hütten-, und Maschinen-Industrie* veröffentlicht wurde.

Links: Das Martinstor, eines der vielen Wahrzeichen Freiburgs. Wenn sich auch das Straßenbild und die Kleidung der Passanten geändert haben, die Straßenbahn fährt noch heute unter den Torbögen hindurch

Concurrenzausschreiben
Die Stadt Freiburg im Breisgau beabsichtigt die gleichzeitige Erstellung einer electrischen Strassenbahn und einer electrischen Centrale für Licht- und Kraftabgabe und wird daher behuts Gewinnung der besten Vorschläge für die genannten Unternehmen ein allgemeiner unbeschränkter Wettbewerb eröffnet. Die näheren Bedingungen und Unterlagen sind bei dem städtischen Tiefbauamt dahier niedergelegt, von welchem dieselben unentgeltlich bezogen werden können. Als Endtermin für die Einreichung ist der 1. Juli 1898 festgesetzt worden. Wir ersuchen diejenigen Techniker und Firmen, welche sich an der Concurrenz zu betheiligen beabsichtigen, ihre Angebote und Projekte spätestens bis zu dem bezeichneten Tage beim Tiefbauamt einreichen zu wollen.
Freiburg im Breisgau, den 2. April 1898.
Der Stadtrath
Dr. Winterer

20 Entwürfe gingen auf diese Ausschreibung hin beim städtischen Tiefbauamt ein, wobei sich 17 Firmen sowohl um die Erbauung der Straßenbahn als auch des Elektrizitätswerkes bemühten, ein Interessent nur Pläne für die Centrale und zwei Firmen nur für die Straßenbahn erarbeitet hatten. Als Gutachter hatte sich der Stadtrat den Betriebsleiter der „Großen Leipziger Strassenbahn", Ingenieur Höfner verpflichtet. Nach seinem Rat wurden sechs Entwürfe von Firmen aus Dresden, Berlin, Nürnberg und München angekauft.

Jetzt ging es Schlag auf Schlag. In seiner Sitzung vom 8. Mai 1899 genehmigte der Bürgerausschuß den Ankauf der Projektstudien und beschloß, so wie es der Stadtrat vorgeschlagen hatte, „dass eine städtische elektrische Zentralanstalt für Gewinnung von Licht und Kraft, sowie eine städtische Straßenbahn nach den durch diese Vorlage gegebenen Grundzügen, Plänen und Kostenvoranschlägen nach vorgängiger Veranlassung einer engsten Konkurrenz zwischen einer kleinen Anzahl der bewährtesten der offerierenden Firmen gebaut werde."

Gut vier Monate später, am 1. Oktober, wurde dann als entscheidende Weichenstellung die „Direction des städtischen Elektrizitätswerkes und der Straßenbahn" ins Leben gerufen, die Dienststelle bei der alle zukünftigen Planungen zusammenlaufen sollten. Wie schon bei der Beurteilung der Projektstudien versicherten sich die Stadtväter abermals eines Experten und engagierten als Vorstand der neugegründeten Gesellschaft Emil Eitner, einen Ingenieur, den sie vom städtischen Elektrizitätswerk in Kassel abgeworben hatten. Zusammen mit seinen Mitarbeitern erarbeitete er aus den sechs angekauften Entwürfen für Centrale und Straßenbahn den endgültigen Plan, wie Freiburgs Nahverkehr in Zukunft abgewickelt werden sollte. Während draußen noch die Pferdebusse des Adolf Jenne über die Straßen schaukelten, entstand auf dem großen Stadtplan an seiner Bürowand mit bunten Strichen der Plan für das kommende Jahrhundert.

Nachdem Eitner fünf Firmen – Siemens & Halske und die AEG in Berlin, Kumer & Co. in Dresden, Schuckert & Co. in Nürnberg und die Union Electricitäts Gesellschaft in Berlin – zur Abgabe von konkreten Angeboten aufgefordert hatte, fiel am 10. Mai 1900 im Stadtrat die endgültige Entscheidung. Siemens & Halske in Berlin bekam den Zuschlag, die Breisgaustadt ins elektrische Zeitalter zu führen.

Siemens & Halske war 1847 von Werner Siemens, damals noch ohne das „von" im Namen und Johann Georg Halske als „Telegraphen-Bauanstalt Siemens & Halske" gegründet worden. Mit Fabriken in Berlin, Charlottenburg und Wien und einem weltumspannenden Netz von Außenbüros zwischen Tokio und Rio de Janeiro gehörte die Aktiengesellschaft schon damals zu den führenden Firmen in Sachen Elektrizität. „Die Gesellschaft hat bisher insgesamt elektrische Bahnen mit mehr als 715 km Geleislänge eingerichtet, darunter die ältesten, zu denen Frankfurt a. M.-Offenbach und die Mödlinger Bahn bei Wien gehören. In Budapest hat die Gesellschaft die Stadtbahnlinien erbaut und auf den Strassenbahnlinien elektrischen Betrieb eingeführt sowie die Untergrundbahn daselbst geschaffen. (...) In Bau befinden sich rund 700 km Geleislänge Strassenbahnen", erläutert

Links oben hat ein Straßenbahnwagen gerade die Kaisertorbrücke in Richtung Innenstadt überquert, darunter eine Teilansicht des Straßenbahndepots Urachstraße

das Handbuch „Die deutschen Elektrischen Strassenbahnen", das 1899 im Leipziger „Verlag für Börsen- und Finanzliteratur" erschien. Basel, Berlin, Bochum und Bonn, Kopenhagen, Moskau, Peking, Wien und zahlreiche andere Städte standen in jenen Jahren auf der Kundenliste des Berliner Unternehmens, das sich Mitte 1900 an die Arbeit in Freiburg machte.

Das Streckennetz, das an der Wand des Ingenieurs Emil Eitner im „Directions-Bureau" entstanden war, hatte größere Ausmaße, als es die „Commission für die Straßenbahn" ursprünglich vorgesehen hatte. Während die Delegierten des Stadtrates zunächst nur eine Strecke betreiben und den Ausbau des Netzes von den dort gesammelten Erkenntnissen abhängig machen wollten, setzte Eitner von vorneherein drei Strecken durch, die von vier Linien (A bis D) befahren werden sollten.

Die Linie A: Rennweg – Lorettostraße

sollte am Rennweg beginnen und über das Siegesdenkmal und den Bertoldsbrunnen, die eigentliche Stadtmitte, zur Lorettostraße führen. Diese als Hauptlinie gedachte Strecke durch die Kaiserstraße, Freiburgs Nord-Süd-Achse durch die Innenstadt, folgte dem Weg der stets am stärksten frequentierten Pferdebuslinie und blieb bis lange nach dem zweiten Weltkrieg das eigentliche Rückgrat des Freiburger Stadtverkehrs. Die Strecke war 2,7 Kilometer lang und sollte – ihrer Bedeutung angemessen – durchgehend zweigleisig ausgeführt werden. Gleiswechsel waren an den Endhaltestellen und am Siegesdenkmal vorgesehen.

Die Linie B: Lehener Straße – Urachstraße

begann am Hauptbahnhof (ab 1902 200 Meter weiter nördlich an der Lehener Straße), kreuzte die Linie A am Bertoldsbrunnen und führte über die Schwabentorbrücke und den Bahnhof Freiburg-Wiehre zur Urachstraße. Die Endhaltestelle lag kurz vor der Straßenecke Urachstraße/Lorettostraße, also in Wurfweite der Wendestelle der Linie A. Die 2,8 Kilometer lange Strecke wurde eingleisig ausgeführt, insgesamt sieben Ausweichen sollten Zugkreuzungen ermöglichen. In der Urachstraße teilte sich das Gleis in zwei parallele Schienenstränge, die in einem Bogen in die Günterstalstraße führten und so die Gleisverbindung zu den Linien A und D herstellten. Da in der Urachstraße auch der Betriebshof der Straßenbahn gebaut wurde, rückten über die Gleisbögen auch die Wagen dieser LInien ins Depot.

Die Linie C: Schwabentorbrücke – Bleicheweg

war als Stichstrecke ins Dreisamtal projektiert, die an der Schwabentorbrücke von der Linie B abzweigte und über die Schwarzwaldstraße zum Bleicheweg führte. Die eingleisige Strecke mit drei Ausweichen maß zunächst nur 1,1 Kilometer, eine Verlängerung zum Waldsee aber war schon eingeplant.

Die Linie D: Lorettostraße – Günterstal

war eine Verlängerung der Linie A in südlicher Richtung. Die Strecke, die schon von den Pferdebussen bedient wurde, führte eingleisig in Seitenlage der Schauinslandstraße in den romantisch gelegenen Vorort Günterstal, wo sie im Dorfkern am alten Stadttor endete. Die Länge betrug 2,4 Kilometer, Ausweichen gab es nur an den Endhaltestellen und an der Wonnhaldestraße, ungefähr in der Streckenmitte gelegen.

Die Stadtlinien sollten, so Eitners Planungen, im Fünf-Minuten-Takt befahren werde, die Günterstaler Linie alle 15 Minuten. Die spätere Praxis zeigte, daß der Andrang – vor allem an den Wochenenden – viel größer war, so daß die eine Ausweiche auf der Überlandstrecke bei weitem nicht ausreichte. Zum weiteren Handicap für den Betrieb der Linie D wurde die Schienenkreuzung mit der Höllentalbahn an der Lorettostraße. Die Verwaltung der Staatsbahn genehmigte die niveaugleiche Kreuzung bei Streckenkilometer 2,036 der Höllentalbahn erst, nachdem Eitner den Bau einer aufwendigen Signalanlage zugesagt hatte. Diese war mit den Bahnschranken gekoppelt und wurde vom nahegelegenen Bahnhof Wiehre aus bedient. Als „Gestattungsgebühr" waren jährlich fünf Reichsmark an die Staatsbahn zu bezahlen.

Insgesamt waren im Verlauf der vier Linien 39 Haltestellen mit einer durchschnittlichen Entfernung von 235 Metern vorgesehen. Das kleinste Streckenstück lag zwischen Belfortstraße und Holzmarktplatz mit gerade 90 Metern, das längste mit

700 Metern auf der Günterstaler Linie zwischen Wonnhalde und Kreuz.

Der Bau des Streckennetzes erwies sich für Siemens & Halske im wesentlichen als unproblematisch. Die Ingenieure des Berliner Unternehmens verbauten rund 13 Kilometer Rillenschienen, 56 Weichen und drei Gleiskreuzungen, davon zwei am Bertoldsbrunnen. Als Betriebsspannung hatten sie, wie damals üblich, 550 Volt vorgesehen, die an zwei Punkten ins Netz eingespeist wurden. Der eine Punkt befand sich am unteren Ende der Bertoldstraße in der Nähe des Hauptbahnhofs, von wo aus die Linie C und Teile der Linien A und B versorgt wurden. Die übrigen Wagen der Linien A und B sowie die Fahrzeuge der Linie D bezogen ihre Energie aus einem Speisepunkt an der Kreuzung von Günterstal- und Dreisamstaße.

Die Wagenhalle mit einer Grundfläche von 18 mal 18 Metern entstand in der Urachstraße. Auf fünf Gleisen konnten 35 Fahrzeuge der damaligen Bauart abgestellt werden. Ein weiteres Gleis durchquerte – im Anbau der Wagenhalle – Schmiede, Schreinerei und Lackiererei. Im Anschluß an das Depot, das bis heute als Hauptwerkstatt vorhanden ist, wurde im Baustil der Gründerzeit ein dreistöckiges Verwaltungsgebäude für die „Direction" errichtet.

Bis auf die Gleiskreuzung mit der Höllentalbahn gab es für die Erbauer der Freiburger Straßenbahn nur ein größeres Problem: die beiden alten Stadttore Martins- und Schwabentor, die sich den Linien A und B als Engpässe in den Weg stellten. Nachdem sich im Stadtrat eine Mehrheit gegen den Abriß der historischen Bauten ausgesprochen hatte, blieb Eitner keine Wahl. Nach mühseligen Verhandlungen, zum Teil erst nach Zwangsenteignungen, kaufte er mehrere Grundstücke neben den Toren, so daß jeweils ein Gleis durch das Tor, das andere außenherum gelegt werden konnte. Er berichtete später:

„Ein grösserer Umbau dagegen wurde beim Schwabentor notwendig. Hier musste, ebenso wie beim Martinstor, eine weitere Fahrstrasse geschaffen werden, da die vorhandene Toröffnung gleichfalls nicht breiter als etwa 4,5 m war. Es wurde daher das auf der Westseite an das Tor anstossende Kaisersche Haus angekauft und niedergelegt und auf dem gewonnenen Platz eine Umfahrt um das Tor hergestellt. Das Gleis teilt sich daher unmittelbar vor dem Tor in zwei Stränge, um sich hinter demselben wieder zu schliessen. Wie beim Martinstor ist auch hier den Wagen der Strassenbahn, wie allen übrigen Fuhrwerken, für die Ausfahrt aus der Stadt die Umfahrt um das Tor, für die Einfahrt aber die alte Toröffnung zugewiesen. Auf diese Weise scheint die Verkehrsfrage bei den beiden Toren in der Tat eine durchaus befriedigende Lösung gefunden zu haben, sodass dieselben als Verkehrshindernis füglich nicht mehr betrachtet werden können."

Nach dem Umbau waren die beiden Freiburger Wahrzeichen nicht mehr wiederzuerkennen. Gleichzeitig mit der Erweiterung der Durchbrüche waren sie nach Plänen des Karlsruher Oberbaurates Schäfer aufgestockt und optisch stark verändert worden. Anstatt einfacher Dächer waren die Stadtausgänge jetzt mit Türmchen und Zinnen geschmückt.

Erst bei der Endabrechnung, die der Direktions-Vorstand 1903 zusammen mit dem endgültigen Baubericht vorlegte, zeigte sich, daß die Veränderung der Tore zum teuersten Einzelposten des kompletten Straßenbahnbaus geworden war:

1)	Erwerbung und bauliche Veränderung der Häuser an Martins- und Schwabentor	MK 400 100.00
2)	Kosten des Oberbaumaterials	312 148,66
3)	Gleisverlegung und Bettung	115 106,46
4)	Wiederinstandsetzung der Strassen	88 149,75
5)	Änderungen an Strassen, Bächen, Kanalisation und Wasserleitungen	106 041,89
6)	Streckenausrüstung und Stromzuführung	247 612,49
7)	Fahrzeuge	357 376,04
8)	Hochbauten	228 794,38
9)	Einrichtung des Bahnhofs, der Werkstätten und Geschäftsräume	75 529,61
10)	Grunderwerb	55 689,76
11)	Unvorhergesehenes und Sonstiges	130 895,96
	insgesamt	MK 2 117 445,00

Für den Preis, den Freiburg zur Jahrhundertwende für seine komplette Straßenbahn bezahlen mußte, könnte der Vorstand der Verkehrs AG nach heutigen Preisen nicht einmal einen einzigen neuen Triebwagen vom Typ GT8 bestellen.

Die ersten Jahre

Sei warm gegrüßt! Kommst endlich an
Du Liebling uns'rer neuen Zeit
Auf schön gebauter Straßenbahn
Zu uns'rer ungeteilten Freud?

Wie kunstvoll ist die neue Bahn
von den Erbauern hergestellt!
Das vollste Lob – es ist kein Wahn –
Es ist verdient vor aller Welt.

Und Dank sei auch dem weisen Rat
Von Freiburg, uns'rer Mutterstadt,
Der uns mit immer neuer Gnad'
Die Straßenbahn gewähret hat.

Nun fasset an den Festpokal
Und stoßet mit mir freudig an:
Es leben hoch mit Güntersthal
Die Gründer uns'rer Straßenbahn."

Dorfschullehrer Franz-Josef Stegmaier aus Günterstal hatte eigens ein Ständchen getextet, um den ersten Zug der neuen „Elektrischen" gebührend zu begrüßen, der mittags, Punkt 11.30 Uhr, prächtig geschmückt den Bertoldsbrunnen verlassen hatte.

Ganz Freiburg war an jenem 14. Oktober 1901 aus dem Häuschen, als die Straßenbahn – zunächst die Linien A und D – feierlich eröffnet wurde. „Bis spät in den Abend waren alle Wagen vollbesetzt und diese Thatsache möge als gutes Omen für die Zukunft gelten. Man konnte von den Gesichtern der Passagiere die Zufriedenheit über das neue Verkehrsmittel ablesen, und um möglichst rasch wieder freie Fahrt zu erhalten, stiegen sie fröhlich aus, als beim Glocknerschen Neubau ein riesiger Quader sich der neuzeitlichen Einrichtung in den Weg stellte, und verhalfen ihm zur schleunigen Abfuhr", berichtete anderntags die *Freiburger Zeitung.*

Bei einem großen Festbankett waren abends, musikalisch begleitet von der örtlichen Infanteriekapelle und dem Männergesangverein „Concordia", Oberbürgermeister Dr. Otto Winterer und der Stadtrat gewürdigt worden. Denn gleichzeitig mit der Straßenbahn konnten auch das neue Rathaus und die elektrische Straßenbeleuchtung eingeweiht werden – betrieben mit jener Energie, die für die Bevölkerung wie ein Synonym für ein neues, aufregendes Zeitalter stand. Gerade war erstmals Elektrostahl im Lichtbogenofen gewonnen worden, Gottlieb Daimler stellte der staunenden Öffentlichkeit seinen ersten „Mercedes" vor, der Dampfer „Deutschland" empfing die ersten Telegramme aus 150 Kilometern Entfernung. Das Jahrhundert der Elektrizität löste das Jahrhundert des Dampfes ab.

27 Triebwagen standen in der Wagenhalle in der Urachstraße bereit, um Freiburgs Bürger durch das neue Zeitalter zu fahren. Die Zweiachser mit den Wagennummern 1–27 und einer Motorleistung von 24 PS, geliefert von der Waggonfabrik Hannover (HAWA) mit einer elektrischen Ausstattung von Siemens & Halske, hatten offene Plattformen, die ab 1912 nach und nach verglast wurden. Die längs eingebauten hölzernen Sitzbänke boten 16 Fahrgästen Platz, weitere 15 waren stehend erlaubt. Für die Stromabnahme hatte man den geschwungenen Lyrabügel gewählt, der dem in vielen Städten üblichen Stangenstromabnehmer technisch überlegen war, weil er nicht von der Oberleitung abspringen konnte. Die Seitenwände waren unterhalb der Fenster mit poliertem Teakholz verkleidet, eine Freiburger Eigenart, die allen bis zum zweiten Weltkrieg beschafften Fahrzeugen ein besonders edles Aussehen verlieh. Darauf prangte ein großes Stadtwappen.

Zusätzlich zu den 27 Triebwagen hatte die HAWA auch vier zweiachsige Beiwagen (Nummer 28–31) geliefert, davon drei offene Sommerbeiwagen für den Ausflugsverkehr nach Günterstal. Außerdem stand in der Urachstraße ein Salzwagen mit Schneepflug (Nummer 204, geliefert von der Hamburger Waggonfabrik Hellmers) für den Winterdienst bereit.

Aber: Nicht bei allen Bürgern herrschte über die Elektrische eitel Sonnenschein. Wie bei der Eröffnung der ersten deutschen Eisenbahn, 66 Jahre zuvor, und der Einführung der Automobile, 15 Jahre war das jetzt her, gab es auch in Freiburg Zweifler, die eindringlich vor den Gefahren des neuen Verkehrsmittels warnten. Die Straßenbahngesellschaft mußte reagieren und machte zwei Wochen vor Betriebseröffnung mit einer Bekanntmachung „auf die Gefahren aufmerksam, die Unachtsamen aus diesem Betrieb erwachsen können."

„Zur Vermeidung dieser Gefahren", konnten die Bürger in der Zeitung lesen, „genügt im Allgemeinen einige Aufmerksamkeit auf der Straße. Insbesondere aber wolle man sich folgende vier Regeln zum Grundsatz machen:

1. Man vermeide, den Fahrdamm und vor allem die Gleise der Straßenbahn ohne Noth zu betreten; man halte sich vielmehr grundsätzlich auf den Gehwegen, sofern man zum Verlassen derselben keine Veranlassung hat.

2. Ist man gezwungen, die Gleise zu überschreiten, so überzeuge man sich stets zuvor durch Ausschauen nach vorn und besonders nach rückwärts, daß die Bahn frei ist.

3. Man versuche nie, unmittelbar vor einem in Bewegung befindlichen Straßenbahnwagen das Gleis zu überschreiten, da man sich über die Geschwindigkeit derselben leicht täuschen kann.

4. Desgleichen überschreite man die Gleise niemals unmittelbar hinter einem Straßenbahnwagen, da auf dem zweiten Gleis ein anderer Wagen in entgegengesetzter Richtung gerade daherkommen kann, dem man sich plötzlich gegenübersieht.

Tauben und schwerhörigen Personen können diese Regeln nicht eindringlich genug empfohlen werden."

Sieben Wochen nach der Eröffnung, am 2. Dezember, konnten auch die ersten Bahnen der Linien B und C rollen. Die Verzögerung war eingetreten, weil der Umbau am Schwabentor länger gedauert hatte als zunächst erwartet. Beide Linien verkehrten im 10-Minuten-Trakt, so daß zwischen Hauptbahnhof und Schwabentorbrükke alle fünf Minuten, zum Bleicheweg und zur Lorettostraße alle zehn Minuten eine Bahn fuhr. Das war nicht zuviel, denn die Bürger waren auf das neue Verkehrsmittel angewiesen. In Freiburg gab es in jener Zeit noch keine 100 Automobile. Auch auf den Linien A und D hatte man den Fahrplan derart abgestimmt, daß die Elektrische im Stadtbereich im Fünf Minuten-Takt verkehrte, nach Günterstal alle 15 beziehungsweise 30 Minuten in den verkehrsschwachen Zeiten. Schon im Sommer des Jahres 1902 zeigte sich aber, daß das Verkehrsaufkommen nach Günterstal völlig unterschätzt worden war. Der Ansturm der Ausflügler auf die Überlandstrecke war besonders an Sonn- und Feiertagen so groß, daß alle fünf Minuten eine Bahn auf die Strecke geschickt werden mußte. Dafür aber war die Gleisanlage – mit nur einer Ausweiche in der Streckenmitte – nicht ausgelegt, so daß die Direktion schon nach wenigen Monaten zwei weitere Ausweichen einbauen ließ. Schon jetzt dachte man dort über einen zweigleisigen Ausbau der gesamten Strecke nach.

Innerhalb der Stadt mußten die Fahrgäste dem Schaffner zehn Pfennig in die Hand drücken („möglichst abgezählt, damit Aufenthalt durch Geldwechseln vermieden wird"), der Fahrschein für die Günterstaler Strecke kostete zwischen 15 und 20 Pfennigen. Der Preis für eine Mehrfahrtenkarte mit zwölf Abschnitten betrug eine Mark. Zum Ärgernis für die Fahrgäste wurde gerade in den Morgenstunden, daß die Schaffner in ihren ledernen Geldtaschen einen permanenten Mangel an Wechselgeld hatten. „Welch kläglichen Eindruck macht es, wenn mir beim Bezahlen des Fahrgeldes nicht nur rundweg vom Schaffner erklärt wird, er könne nicht wechseln, sondern auch in schroffem Ton verlangt wird, daß ich bei der nächsten Haltestelle die Tram wieder verlasse, wie man etwa einem Verbrecher die Tür weist", beschwerte sich ein Fahrgast in einem offenen Brief.

Genau 3254686 Fahrgäste konnten 1902 auf den vier Linien gezählt werden, wie der Jahresabschluß für das erste vollständige Betriebsjahr ausweist. 315000 Mark klingelten dabei in der Kasse, 207000 Mark mußten auf der Soll-Seite verbucht werden. Rechnet man die Beiträge zum Erneuerungsfonds hinzu, kam unter dem Strich ein ausgeglichenes Ergebnis heraus. 816000 Kilometer hatten die 27 Triebwagen insgesamt zurückgelegt, 20000 Kilometer die vier Beiwagen. Genau 100 Mitarbeiter waren bei der Straßenbahn beschäftigt: 64 Fahrbedienstete, drei technische

Städtische Strassenbahn Freiburg im Breisgau.

Sommer-Fahrplan vom 1. Mai bis 30. September.

Linie A: Rennweg—Bertholdsbrunnen—Lorettostraße—Bertholdsbrunnen—Rennweg.

Rennweg	ab	5^{52}	6^{12}	6^{22}	und so	7^{42}	7^{47}	und so	9^{12}	9^{22}	und so	11^{02}
Bertholdsbrunnen	„	6^{00}	6^{20}	6^{30}	fort alle 10 Minu-	7^{50}	7^{55}	fort alle 5 Minu-	9^{20}	9^{30}	fort alle 10 Minu-	11^{10}
Lorettostraße	an	6^{06}	6^{26}	6^{36}	ten bis	7^{56}	8^{01}	ten bis	9^{26}	9^{36}	ten bis	11^{16}

Lorettostraße	ab	5^{34}	5^{54}	6^{04}	und so	7^{24}	7^{29}	und so	8^{54}	9^{04}	und so	10^{44}
Bertholdsbrunnen	„	5^{40}	6^{00}	6^{10}	fort alle 10 Minu-	7^{30}	7^{35}	fort alle 5 Minu-	9^{00}	9^{10}	fort alle 10 Minu-	10^{50}
Rennweg	an	5^{48}	6^{08}	6^{18}	ten bis	7^{38}	7^{43}	ten bis	9^{08}	9^{18}	ten bis	10^{58}

Linie B: Hauptbahnhof—Bahnhof Wiehre—Lorettostraße—Bahnhof Wiehre—Hauptbahnhof.

Lehenerstraße	ab	6^{45}	6^{55}			7^{35}	7^{50}	8^{00}		8^{50}	8^{55}	9^{05}		10^{15}	10^{25}	10^{35}	10^{45}	—	—
Hauptbahnhof	„	6^{46}	6^{56}	und so fort alle		7^{36}	7^{51}	8^{01}	und so fort alle	8^{51}	8^{56}	9^{06}	und so fort alle	10^{16}	10^{26}	10^{36}	10^{46}	—	—
Bertholdsbrunnen	„	6^{50}	7^{00}	10 Minu-		7^{40}	7^{55}	8^{05}	10 Minu-	8^{55}	9^{00}	9^{10}	10 Minu-	10^{20}	10^{30}	10^{40}	10^{50}	—	—
Schwabentorbrücke	„	6^{57}	7^{07}	ten bis		7^{47}	7^{59}	8^{09}	ten bis	8^{59}	9^{07}	9^{17}	ten bis	10^{27}	10^{34}	10^{44}	10^{54}	11^{02}	11^{12}
Lorettostraße	an	7^{02}	7^{12}			7^{52}	8^{04}	8^{14}		9^{01}	9^{12}	9^{22}		10^{32}	10^{39}	10^{49}	10^{59}	11^{08}	11^{18}
Lorettostraße	ab	6^{01}	6^{11}	6^{21}	6^{31}	6^{41}	6^{48}	6^{58}		7^{28}	7^{41}	7^{51}		9^{01}	9^{08}	9^{18}			10^{18}
Schwabentorbrücke	„	6^{07}	6^{17}	6^{26}	6^{36}	6^{46}	6^{56}	7^{06}	und so fort alle	7^{36}	7^{46}	7^{56}	und so fort alle	9^{06}	9^{16}	9^{26}	und so fort alle		10^{26}
Bertholdsbrunnen	„	—	—	6^{30}	6^{40}	6^{50}	7^{00}	7^{10}	10 Minu-	7^{40}	7^{50}	8^{00}	10 Minu-	9^{10}	9^{20}	9^{30}	10 Minu-		10^{30}
Hauptbahnhof	„	—	—	6^{34}	6^{44}	6^{54}	7^{04}	7^{14}	ten bis	7^{44}	7^{54}	8^{04}	ten bis	9^{14}	9^{24}	9^{34}	ten bis		10^{34}
Lehenerstraße	an	—	—	6^{35}	6^{45}	6^{55}	7^{05}	7^{15}		7^{45}	7^{55}	8^{05}		9^{15}	9^{25}	9^{35}			10^{35}

Linie C: Hauptbahnhof—Schwabentorbrücke—Waldsee—Schwabentorbrücke—Hauptbahnhof.

Lehenerstraße	ab	—	—		—	6^{45}	6^{55}		10^{45}
Hauptbahnhof	„	—	—	und so fort alle	—	6^{46}	6^{56}	und so fort alle	10^{46}
Bertholdsbrunnen	„	—	—	10 Minu-	—	6^{50}	7^{00}	10 Minu-	10^{50}
Schwabentorbrücke	„	6^{08}	6^{18}	ten bis	6^{48}	6^{54}	7^{04}	ten bis	10^{54}
Waldsee	an	6^{16}	6^{26}		6^{56}	7^{01}	7^{11}		11^{01}

Waldsee	ab	6^{19}	6^{29}		7^{29}	7^{34}	7^{44}		8^{44}	8^{59}	9^{09}		10^{19}	10^{24}	10^{34}		11^{04}
Schwabentorbrücke	„	6^{26}	6^{36}	und so fort alle	7^{36}	7^{41}	7^{51}	und so fort alle	8^{51}	9^{06}	9^{16}	und so fort alle	10^{26}	10^{31}	10^{41}	und so fort alle	11^{12}
Bertholdsbrunnen	„	6^{30}	6^{40}	10 Minu-	7^{40}	7^{45}	7^{55}	10 Minu-	8^{55}	9^{10}	9^{20}	10 Minu-	10^{30}	—	—	10 Minu-	—
Hauptbahnhof	„	6^{34}	6^{14}	ten bis	7^{44}	7^{49}	7^{59}	ten bis	8^{59}	9^{14}	9^{24}	ten bis	10^{34}	—	—	ten bis	—
Lehenerstraße	an	6^{35}	6^{45}		7^{45}	7^{50}	8^{00}		9^{00}	9^{15}	9^{25}		10^{35}	—	—		—

Linie D: Rennweg–Bertholdsbrunnen–Lorettostr.–Günterstal–Lorettostr.–Bertholdsbrunnen–Rennweg.

Rennweg	ab	5^{52}	6^{12}	und so	12^{52}	1^{02}	und so	7^{32}	7^{52}	und so	9^{52}
Bertholdsbrunnen	„	6^{00}	6^{20}	fort alle 20 Minu-	1^{00}	1^{10}	fort alle 10 Minu-	7^{40}	8^{00}	fort alle 20 Minu-	10^{00}
Lorettostraße	„	6^{06}	6^{26}	ten bis	1^{06}	1^{16}	ten bis	7^{46}	8^{06}	ten bis	10^{06}
Günterstal	an	6^{15}	6^{35}		1^{15}	1^{25}		7^{55}	8^{15}		10^{15}

Günterstal	ab	6^{25}	6^{45}	und so	1^{25}	1^{35}	und so	8^{05}	8^{25}	und so	10^{25}
Lorettostraße	„	6^{31}	6^{54}	fort alle 20 Minu-	1^{34}	1^{44}	fort alle 10 Minu-	8^{14}	8^{34}	fort alle 20 Minu-	10^{34}
Bertholdsbrunnen	„	6^{40}	7^{00}	ten bis	1^{40}	1^{50}	ten bis	8^{20}	8^{40}	ten bis	10^{40}
Rennweg	an	6^{48}	7^{08}		1^{48}	1^{58}		8^{28}	8^{48}		10^{48}

Links oben die Schwabentorbrükke. Sowohl die Brücke als auch das Schwabentor im Hintergrund haben ihr Aussehen grundlegend geändert. Darunter ein Fahrplan aus dem Zeitraum 1903 bis 1905. Oben ein Blick in die Kaiserstraße mit dem Siegesdenkmal. Rechts die „Gleisharfe“ vor der Wagenhalle I an der Urachstraße

Glasplatten, an denen der Zahn der Zeit bereits genagt hat, dokumentieren die Eleganz der ersten Freiburger Straßenbahnwagen. Fahrer und Schaffner waren noch Wind und Wetter schutzlos ausgesetzt, in der heutigen Zeit glücklicherweise nicht mehr denkbar. Staubig ging es in den Sommermonaten auf Freiburgs Straßen zu Beginn unseres Jahrhunderts zu. Zum Glück verfügte die Straßenbahn über zwei Sprengwagen (rechts oben der kleinere Wagen 201 in voller Aktion), die ihr Naß auf die Straßen sprühten

201

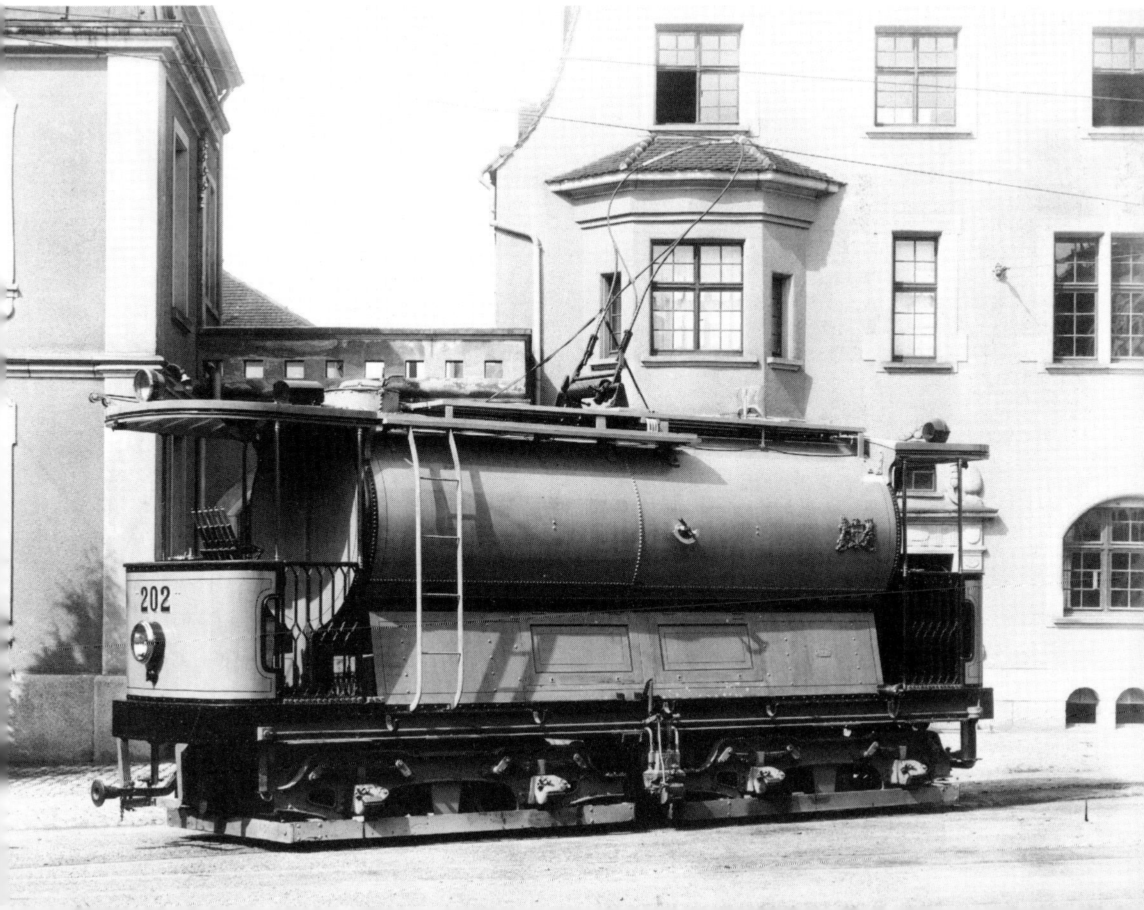
202

Angestellte, 13 Gleis- und Oberleitungsmonteure, 14 Mann Werkstattpersonal und sechs Verwaltungsbedienstete.

Schon 1903 mußte der Wagenpark aufgestockt werden. Die Waggonfabrik Rastatt lieferte drei weitere Beiwagen mit offenen Plattformen (Nummer 32–34), um wenigstens die am stärksten beanspruchten Kurse der Linien A und D verstärken zu können. Gleichzeitig entstanden auf den Reißbrettern in der Urachstraße die ersten Pläne für eine Streckenerweitererung. Die Strecke der Bahnhofslinien B und C, die man schon 1902 vom Hauptbahnhof um 200 Meter bis zur Lehener Straße verlängert hatte, sollte wegen des ständig steigenden Verkehrs bis zum Bleicheweg zweigleisig ausgebaut und in östlicher Richtung bis zum Waldsee verlängert werden. Außerdem standen ein Verbindungsgleis zwischen den beiden Haupstrecken am Bertoldsbrunnen und ein Abstellgleis für Sonderwagen am Stadttheater auf der Wunschliste der Straßenbähnler, für die der Bürgerausschuß Ende 1904 344000 Mark bewilligte.

Zum Sommerfahrplan 1905 konnte die 0,8 Kilometer lange Neubaustrecke zum Waldsee eingeweiht werden, die bis auf ein kurzes Stück vor der neuen Endhaltestelle zweigleisig ausgebaut war. Dort hatte man – für Freiburg ein Novum – zum ersten Mal eine Gleisschleife gebaut, um Beschädigungen der Oberleitung zu verhindern, die es beim Richtungswechsel der Lyrabügel durch Unachtsamkeit immer wieder gab. Auch hier stand für den erwarteten Ausflugsverkehr ein spezielles Abstellgleis zur Verfügung. Die Streckenlänge des Straßenbahnnetzes wuchs dadurch auf 9,89 Kilometer.

Freiburg lag jetzt im Straßenbahnfieber. Zähringen und der Güterbahnhof sollten an das Netz angeschlossen, das Siegesdenkmal und der Stühlinger Kirchplatz durch eine neue Linie verbunden werden. Auch der Vorort Haslach drängte auf einen raschen Anschluß an den Stadtkern.

Zunächst aber muße – bedingt durch die Verlängerung zum Waldsee und das weiterhin steigende Verkehrsaufkommen – der Wagenpark weiter ausgebaut werden. 1907 konnten drei neue Triebwagen in Dienst genommen werden. Die Fahrzeuge mit den Betriebsnummern 28 bis 30 waren zwar schon 1906 von der Waggonfabrik Rastatt geliefert worden, mußten aber erst in der eigenen Werkstatt umgebaut werden, weil die Radstände zu kurz und die Plattformen zu hoch waren. Dafür war das Fassungsvermögen auf 44 Plätze angestiegen, auch die Plattformen waren geräumiger.

Um die jetzt vorhandenen 30 Triebwagen durchgehend numerieren zu können, hatten zuvor die alten Beiwagen von 1901 neue Bezeichnungen erhalten. Beiwagen 28 wurde zur 31, die Anhänger 32–34, die 1903 beschafft worden waren, konnten ihre Nummern behalten, die offenen Sommerbeiwagen 29–31 bekamen die Nummern 35–37. Drei weitere Beiwagen, die die Rastatter Waggonbauer 1907 kurz nach den neuen Triebwagen ausgeliefert hatten, wurden als Nummern 38–40 in den Fahrzeugbestand eingereiht. Daß die Umnumerierung der Beiwagen etwas kurzsichtig war, zeigte sich schon zwei Jahre später. Die nächsten Neubeschaffungen warfen das komplette System wieder über den Haufen.

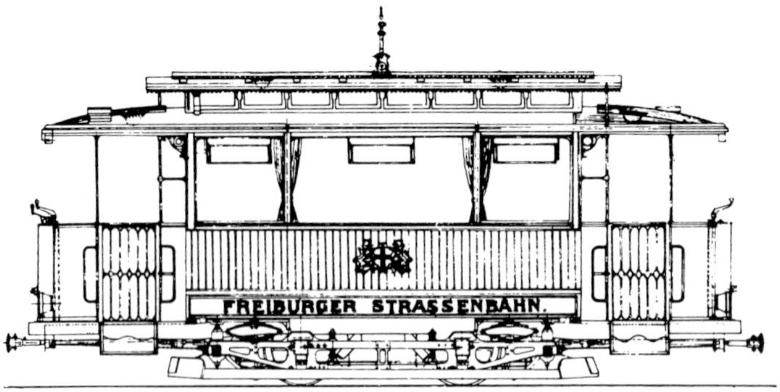

Schnittzeichnung der ersten Straßenbahnserie Triebwagen 1 bis 27

Die Blütezeit der Straßenbahn

Freiburgs Elektrische war innerhalb kürzester Zeit zum Renner geworden. Die Beförderungsleistungen stiegen ständig an und immer mehr Stadtteile und Vororte verlangten vom Stadtrat den Anschluß an das Straßenbahnnetz. Schon 1904, also nur drei Jahre nach der Eröffnung des Betriebes, wurden in Kreisen der Stadtverwaltung zum ersten Mal Linienerweiterungen nach Zähringen und zum Güterbahnhof in Erwägung gezogen. Am 3. Dezember 1905 erinnert ein Artikel in der *Freiburger Zeitung* über den neuen Güterbahnhof an diese Diskussion:

„Der Herr Oberbürgermeister hat damals das Bedürfnis anerkannt und versprochen, man werde die Linie an den neuen Güterbahnhof in Angriff nehmen, sobald man wisse, welchen Weg der Verkehr nehme. Diese Frage dürfte nun ziemlich gelöst sein, da sich der Verkehr in der Hauptsache in der Richtung zwischen dem Personenbahnhof und Güterbahnhof bewegt, somit eine Verlängerung der Straßenbahn vom Personenbahnhof nach dem Güterbahnhof zunächst infrage käme. Diese Linie würde dann auch den Friedhof berühren und dadurch einem schon längst gefühlten Bedürfnis Rechnung tragen. Das gäbe zugleich die beste Verbindungslinie des Hauptbahnhofs mit Zähringen, das ja eine elektrische Straßenbahn bekommen soll."

Im Rathaus reagierte man schnell. Schon im Juni 1906 legte die Direktion erste Entwürfe und Prognosen für die neuen Linien vor. Danach sollten die Linien A und D von ihrer jetzigen Endhaltestelle am Rennweg aus zweigleisig bis zur Reutebachgasse in Zähringen verlängert werden. Die Kosten für die 1,7 Kilometer lange Strecke, die man zunächst als Linie E bezeichnete, wurden mit 372 000 Mark beziffert. Ein zusätzlicher Trieb- und sechs Beiwagen wären für die Bedienung im 20- beziehungsweise 10-Minuten-Takt erforderlich gewesen.

Die Verlängerung der Linien B und C von der Lehener Straße zum neuen Güterbahnhof, in den Projektunterlagen als Linie F bezeichnet, bereitete wesentlich mehr Schwierigkeiten, da im Bereich des Hauptbahnhofes die Gleisanlagen der Staatsbahn gekreuzt werden mußten. Strittig war außerdem der Endpunkt der neuen Strecke. Die eine Möglichkeit war eine Endhaltestelle in der Waldkircherstraße vor dem Güterbahnhof, die andere die Fortführung der Strecke durch die Komturstraße, durch die man eine Verbindung der beiden Hauptstrecken am Komturplatz erreicht hätte. Durch ein Gleisdreieck an dieser Stelle wäre die Einrichtung einer innerstädtischen Ringlinie Bertoldsbrunnen – Hauptbahnhof – Güterbahnhof – Bertoldsbrunnen möglich geworden. Die Kosten der Lösung Komturstraße wurden von der Verwaltung mit 380 000 Mark berechnet. Ein zweigleisiger Ausbau war von vorneherein vorgesehen, da sonst – in Anbetracht des geplanten Fünf-Minuten-Betriebes – vier Ausweichen nötig gewesen wären.

Während Neubaustrecken nach Herdern und Haslach und eine direkte Verbindung zwischen der Wiehre und dem Hauptbahnhof vorerst noch unverbindliche Denkmodelle waren, rückte eine weitere Linie im Lauf des Jahres 1906 in konkrete Nähe: Die Linie G, die den Stadtteil Stühlinger ans Netz anschließen und durch eine Streckenführung zwischen Hauptbahnhof und Siegesdenkmal die Strecken A/D und B/C verbinden sollte.

Nachdem der Bürgerausschuß im Mai 1907 insgesamt 1,75 Millionen Mark für den Netzausbau bewilligt hatte, konnten die Bauarbeiten beginnen. Der Preis für die neuen Strecken hatte sich deshalb erhöht, weil gleichzeitig auch der Betriebshof in der Urachstraße ausgebaut werden mußte. Die Wagenhalle von 1901 war an den Grenzen ihrer Kapazität angelangt; die Fahrzeuge die für den Betrieb der Streckenverlängerungen nötig waren, hätte sie nicht mehr fassen können. Durch den fünfgleisigen Anbau, der durch einen eingleisigen Zwischenbau mit der alten Halle verbunden wurde, erhöhte sich die Kapazität mit 77 Zweiachsern auf das Doppelte. 1908 war der ge-

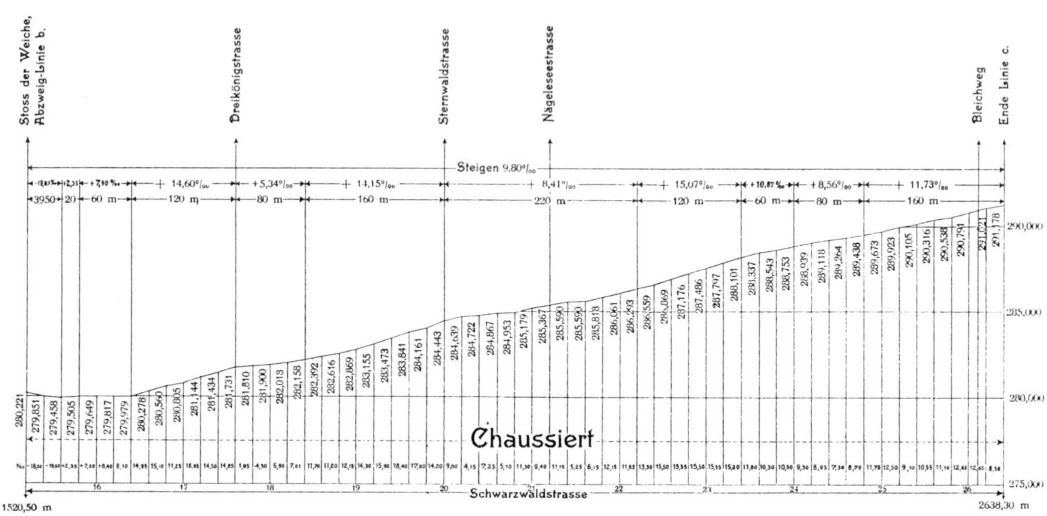

Wenn es in Freiburg auch nicht gerade gebirgig zugeht, so weisen die Strecken doch leichte Steigungen auf. Oben ein Längenprofil der ehemaligen Linie C (vom Abzweig mit der Linie B an der Schwabentorbrücke bis zur Endstelle Bleicheweg). Rechts oben eine Skizze der Gleisanlagen im Betriebshof I. Heute erfolgt die Zufahrt nur noch über die Günterstaler- und Urachstraße. Die untenstehende Zeichnung zeigt die ganze Schönheit des Betriebshofes, von der er bis heute nicht viel eingebüßt hat

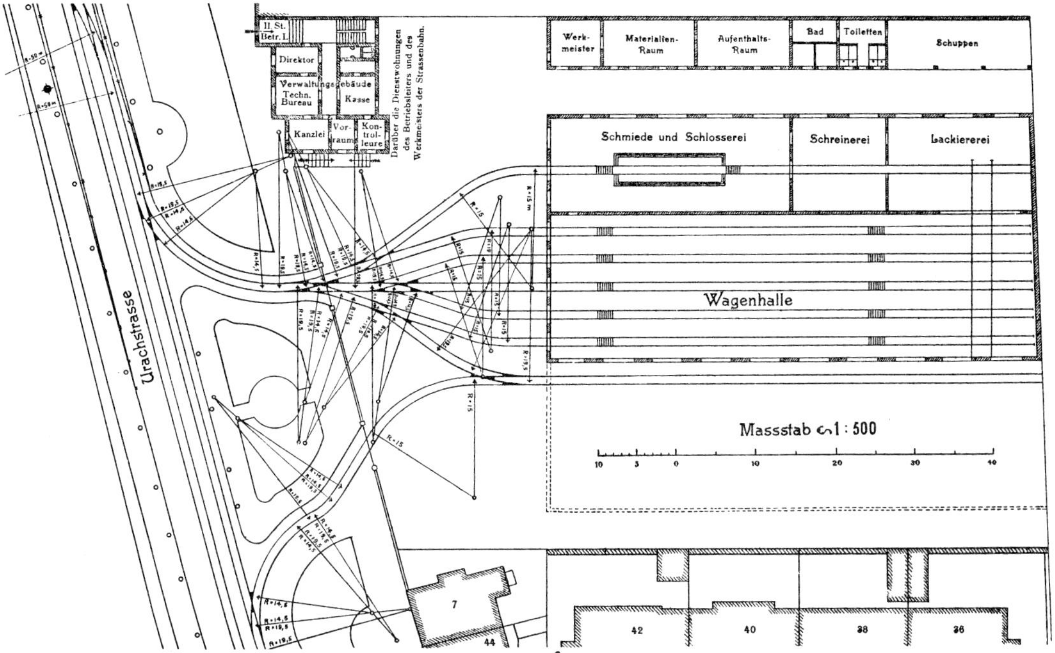

Querschnitt.

nau im Stil der alten Remise gehaltene Anbau fertig.

Im gleichen Jahr rollten auch die ersten Trambahnen auf den Neubaustrecken. Die Endhaltestelle der Linie C lag jetzt in der Waldkircherstraße, 1,6 Kilometer nördlich des alten Wendepunktes Lehener Straße. Die Verlängerung zum Komturplatz ließ noch bis 1928 auf sich warten. Auch die Zähringer Bürger mußten sich in Sachen Straßenbahn noch gedulden. Weil der Umbau der Eisenbahnunterführung Roßgäßle länger dauerte als zunächst angenommen, endeten die Linien A und D ab 1908 vorerst vor dem Bahndamm, nur 400 Meter von der alten Endhaltestelle Rennweg entfernt.

Die zehn neuen Triebwagen (31–40), die wenige Monate später von MAN ausgeliefert wurden, glichen den Motorwagen 28–30, mit denen die Freiburger gute Erfahrungen gesammelt hatten, aufs Haar. Auch sie hatten noch offene Plattformen, ein Fassungsvermögen von 44 Personen und einachsige Drehgestelle, mit denen die engen Kurven gerade auf der Altstadtstrecke besser bewältigt werden konnten. Außerdem lieferte MAN zehn weitere Beiwagen, die denen von 1907 glichen. Die Anhänger wurden mit den Nummern 111–120 versehen, die anderen Beiwagen ebenfalls mit Ziffern ab 101 umnumeriert. Im neuen Fahrzeugschema hatten Motorwagen die Nummern ab 1, Beiwagen die 100er- und Arbeitswagen die 200er-Nummern. Als 201 war im Jahr 1908 von der Waggonfabrik Hellmers ein Motorsprengwagen mit einem Fassungsvermögen von 8 Kubimetern Wasser beschafft worden, der die sommerliche Staubbildung verhindern sollte. Ihm folgte 1912, ebenfalls von Hellmers gebaut, ein zweites Exemplar mit einem größeren Fassungsvermögen von 12 Kubikmetern und der Nummer 202.

„Die Bedienung des Sprengwagens erfolgt durch zwei Mann, dem Wagenführer und dem Wagenbegleiter", schrieben die „Vorschriften für die Bedienung des Sprengwagens" vor, die im April 1909 von der Direktion erlassen wurden. „Beim Füllen schraubt der Führer das Standrohr ein, der Wagenbegleiter richtet den Schlauch her und verbindet ihn mit dem Wagen. Nachdem dann der Führer die Verbindung des Schlauches mit dem Standrohr hergestellt hat, öffnet der Wagenbegleiter das Ventil am Wagen. Alsdann erfolgt das Oeffnen des Hydranten. Das Füllen des Wagens überwacht der Wagenführer, der Wagenbegleiter schreibt während der Zeit den Fahrbericht."

Auch für die eigentliche Fahrt gab es genaue Anweisungen: „Auf allen Strecken hat der Sprengwagen derart zu fahren, daß die Kurswagen nicht aufgehalten werden. Fährt der Sprengwagen hinter einem Kurswagen, dann hat er auf alle Fälle mindestens den vorgeschriebenen Abstand von 50 m von diesem einzuhalten. Bemerkt der Fahrer auf der Straße Pferde oder andere Tiere, welche bei Annäherung des Sprengwagens unruhig werden, so hat er langsam zu fahren und erforderlichenfalls zu halten und die Brausen abzustellen. Beim Ueberholen von Fahrzeugen hat sich der Führer stets durch Schellen mit der Fußglocke bemerkbar zu machen."

Als gegen Ende der zwanziger Jahre auch in Freiburg Kraftfahrzeuge die Straßenbesprengung übernahmen, verloren die beiden Arbeitswagen ihr Einsatzgebiet. Den älteren der beiden Sprengwagen, 201, schrieb die Verwaltung daraufhin in der Zeitschrift „Verkehrstechnik" zum Verkauf aus. Der angestrebte Preis: 8500 Mark. „Straßenbahnverwaltungen hatten sich auf die Anzeige hin überhaupt nicht gemeldet, dagegen einige Händler, die aber nach Erhalt näherer Angaben und der genauen Beschreibung nichts mehr von sich hören ließen", beklagte die Direktion im Mai 1931 in einem Schreiben an das Büro des Oberbürgermeisters. Auch nach einer Preissenkung um 500 Mark „dürfte wohl kaum Aussicht auf den Verkauf eines Wagens bestehen." 1933 kam die Idee auf, den Triebwagen in eine „Zugmaschine für die Strecke umzubauen, wie solche die meisten Straßenbahnen besitzen". Wegen der hohen Kosten unterblieb der Umbau jedoch; 201 landete als Unkrautvertilgungswagen bei der Mittelbadischen Eisenbahn in Lahr.

Für die Lieferung der neuen Fahrzeuge war es 1909 höchste Zeit gewesen. Kurz darauf konnte nämlich auch die als Linie G geplante Strecke vom Stühlinger Kirchplatz zum Siegesdenkmal in Betrieb genommen werden. Die Bahnen begannen ihre Fahrt am Siegesdenkmal, fuhren durch die Bismarckstraße zum Hauptbahnhof, überquerten südlich des Bahnhofsgebäudes die Gleisanlagen auf der dortigen Straßenbrücke und beendeten ihre kurze Reise in einer großen Gleis-

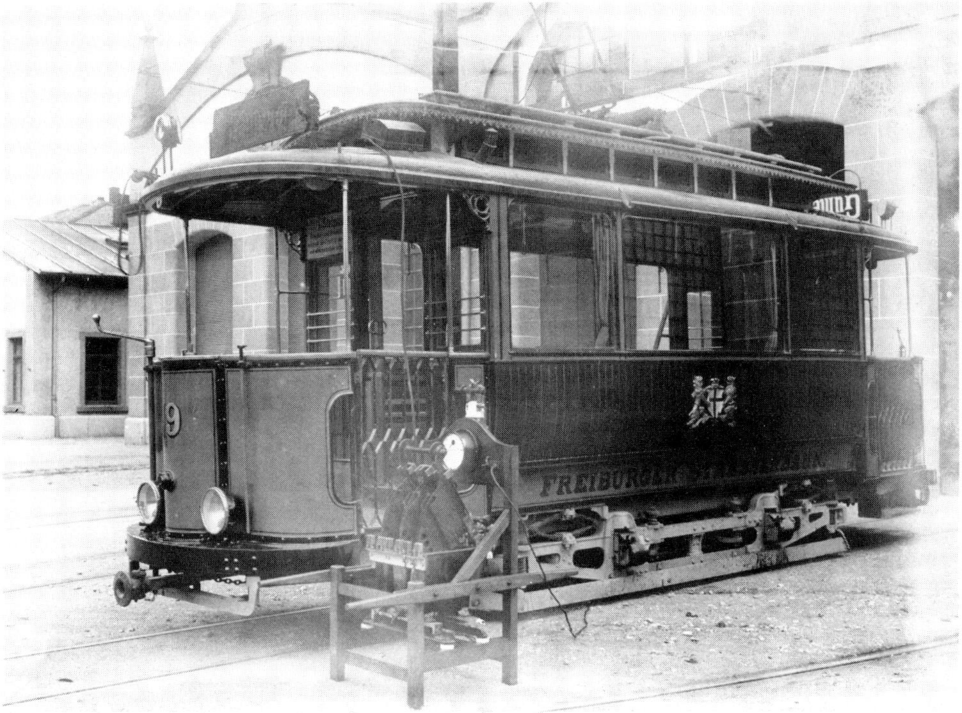

Triebwagen 9 vor der Werkstatt Urachstraße. Auch heute noch werden hier die Fahrzeuge der Freiburger Verkehrs-AG gewartet

Erfrischend verlief eine Fahrt mit den Sommerwagen auf der Günterstaler Linie. Im Ersten Weltkrieg wurden die Wagen für den Verwundetentransport herangezogen und anschließend als Arbeitsfahrzeuge verwendet

schleife rund um den Stühlinger Kirchplatz. Auf ihrer Stirnseite prangte freilich kein Buchstabe mehr, sondern erstmals eine Zahl, da die Linienbezeichnung mit Eröffnung der 5 umgestellt worden war:

Linie 1 (bisher A): Komturplatz (Roßgäßle) – Bertoldsbrunnen – Lorettostraße

Linie 2 (bisher D): Komturplatz (Roßgäßle) – Bertoldsbrunnen – Lorettostraße – Günterstal

Linie 3 (bisher C): Güterbahnhof – Hauptbahnhof – Bertoldsbrunnen – Schwabentorbrücke – Waldsee

Linie 4 (bisher B): Lehener Straße – Bertoldsbrunnen – Schwabentorbrücke – Lorettostraße

Linie 5: Siegesdenkmal – Hauptbahnhof – Stühlinger Kirchplatz

1910 konnte mit dem Reststück der Linie 2 nach Zähringen auch der letzte Teil der Ausbaupläne von 1906 vollendet werden. Die erste Tram, Triebwagen 34, wurde am 10. März kurz nach Tagesanbruch mit einer kunstvollen Ehrenpforte aus Blumen von der Bevölkerung begeistert begrüßt. Die Elektrische verkehrte vorerst alle zehn Minuten, als Fahrpreis in die Stadt waren 15 Pfennig zu bezahlen, die volle Streckenlänge nach Günterstal kostete 30 Pfennig.

Am 10. Dezember verlängerte man außerdem die Linie 4 um ein kurzes Stück von der Lorettostraße zur Goethestraße. Die ersten Anstöße zur Fortführung der damals noch als B bezeichneten Linie waren schon im Jahr 1904 vom Lokalverein Wiehre gekommen, der gerne eine Verlängerung der Strecke bis zur Basler Straße gesehen hätte und in dieser Sache mehrmals beim Stadtrat nachhakte. Die Straßenbahn-Direktion, die daraufhin vom Stadtrat um eine Beurteilung gebeten wurde, lehnte einen solchen Ausbau aber immer wieder ab, da „die Linie weder von/in Richtung Stadt verläuft noch eine Verbindung zu einem Bahnhof darstellt." Die prognostizierten Betriebskosten von 10000 Mark im Jahr stünden in keinem Verhältnis zu den erwarteten Mehreinnahmen. Auch wenn die Direktion anderer Meinung gewesen wäre: Die Fortführung zur Basler Straße wäre schon deshalb nicht zustandegekommen, weil die Reichsbahn eine weitere Kreuzung mit der Höllentalbahn, die im Zuge der Goethestraße nötig geworden wäre, strikt ablehnte.

Auf dieser Linie 4 sowie den anderen beiden Kurzlinien 1 und 5 kamen in erster Linie die älteren Triebwagen 1–27 zum Einsatz, während die Triebwagen 28–40 wegen ihres größeren Platzangebotes auf den Hauptlinien 2 und 3 verkehrten. Um den Komfort für Wagenführer und Fahrgäste zu erhöhen, die auf den offenen Plattformen dem schlechten Wetter schutzlos ausgesetzt waren, hatte die Hauptwerkstätte in der Urachstraße 1910 zunächst den Triebwagen 36 mit vollverglasten Plattformen ausgerüstet. Da sich der Versuch bewährte, wurden bis 1911 auch die übrigen Motorwagen dieser Serie umgebaut. Bis 1914 wurden auch die Triebwagen der ersten Serie 1–27 mit entsprechenden Schutzvorrichtungen nachgerüstet. Sie erhielten – weil eine Vollverglasung nicht möglich war – seitlich offene Glasvorbauten.

Beiwagen wurden damals im Liniendienst kaum eingesetzt. „Der normale Verkehr kann jederzeit auch ohne Anhängewagen bewältigt werden", beantwortete die Direktion 1911 eine Anfrage des Stadtrates; „nur in besonderen Fällen z. B. bei Regenwetter zwischen 12 und halb 2 Uhr, ab und zu zu einer Beerdigung, zu Beginn des Theaters oder bei einer sonstigen Veranstaltung sind Anhängewagen erforderlich."

Direktion und Stadtrat mußten sich in jener Zeit mit zahlreichen kleinen Problemen herumschlagen. Zwar waren Schwarzfahrer im Zeitalter der Schaffner noch unbekannt, immer wieder aber versuchten Fahrgäste, die Männer mit der Schirmmütze übers Ohr zu hauen. Der Kellner Oswald Schmidt hatte – obwohl er nur ganze fünf Pfennige unterschlagen hatte – Pech, als er dabei erwischt wurde. Am 19. Mai 1910 schrieb Direktor Emil Eitner an den „verehrlichen Stadtrat":

„Vergangenen Samstag den 15. ds. Mts. fuhr der Kellner Oswald Schmidt mit der Straßenbahn von Günterstal nach der Stadt. Er löste vom Schaffner einen Fahrschein nach dem Bertholdsbrunnen (15 Pf), in der Absicht jedoch bis zum Siegesdenkmal zu fahren, wohin der Fahrpreis tarifgemäß 20 Pf beträgt. Während der Fahrt äusserte sich der Genannte zu einem Andern „er hätte schon des öfteren für 15 Pf verlangt und sei nach dem Siegesdenkmal gefahren". Schmidt, beobachtet, stieg denn auch tatsächlich am Bertholdsbrunnen nicht aus, sondern fuhr über die Zahlgrenze weiter.

Freudig begrüßt wurde der erste Straßenbahnwagen in Haslach. Die Strecke wurde am 1. Oktober 1913 in Betrieb genommen. Unten eine Aufnahme des Beiwagens 31 auf dem Gelände der MAN

Da hier eine vorsätzliche strafbare Handlung zum Nachteil der Straßenbahn vorliegt, bitten wir den Kellner Oswald Schmidt wegen Betrugs bei der Staatsanwaltschaft zur Anzeige bringen zu wollen."

Die angeblich so guten, alten Zeiten waren hart. Das mußten auch fünf Hilfsschaffner erfahren, die fristlos entlassen wurden, weil sie sich bei einer ärztlichen Überprüfung als farbenblind herausstellten. Im Februar 1909 hatte die Direktion dem Stadtrat berichtet, „dass mit Rücksicht auf die im Strassenbahnbetrieb vorhandenen Farbensignale und namentlich derjenigen bei der Kreuzung der Höllentalbahn es nach einer uns vom Stadtarztamt gewordenen Auskunft angezeigt erscheint, dass die sämtlichen Mitglieder des Fahrpersonals periodisch auf die Farbentüchtigkeit ihrer Augen ärztlich untersucht werden." Der Test am 8. Mai ergab, daß die drei Schaffner Fischer, Greulich und Schmidt (auch die Wagenführer wurden damals als Schaffner bezeichnet) und fünf Hilfsschaffner „wegen ihrer Farbenuntüchtigkeit nicht geeignet für den Fahrdienst" waren. Folge: Sie durften nicht mehr auf der Günterstaler Linie eingesetzt werden. Nur „aus Rücksicht auf ihr Dienstalter" entgingen sie einer Entlassung. Für die fünf Hilfsschaffner aber gab es kein Pardon.

Zehn Jahre nach ihrer Eröffnung erlebte Freiburgs Straßenbahn ihre Blütezeit. Genau wie die Eisenbahn auf Fernstrecken war auch die Elektrische im Stadtverkehr ohne Konkurrenz. Von alternativen Verkehrsmitteln wie dem Omnibus oder gar dem privaten Kraftfahrzeug war noch lange keine Rede. Während Amundsen gerade zur Eroberung des Südpols abreiste, plante die Freiburger Stadtverwaltung den großräumigen Vorstoß der Straßenbahn ins Umland. Überlandlinien sollten den Westen der Stadt erschließen und Teile des Schwarzwaldes an die rasch wachsende Breisgau-Metropole anbinden. Die Pläne, die der Stadtrat 1911 diskutierte, sahen (abgesehen von den Schwarzwaldstrecken) sechs neue Linien vor. Damit hätte sich die Streckenlänge – wären die Pläne vollendet worden – auf einen Schlag fast verdoppelt. Im einzelnen handelte es sich dabei um folgende Projekte, die – obwohl das Linienschema mittlerweile von Buchstaben auf Ziffern umgestellt worden war – anschließend an die bislang verwirklichten Streckenneubauten mit fortlaufenden Buchstaben versehen wurden:

Die Linie H: Siegesdenkmal – Herdern

deren Bau schon 1907 vorgeschlagen worden war, sollte vom Siegesdenkmal ausgehend das 1876 eingemeindete Dorf Herdern erschließen, das sich mittlerweile zu einem vornehmen Stadtteil mit Villen und zahlreichen Instituten der Universität entwickelt hatte und nahtlos an die Innenstadt anschloß. Bei der Planung der 1,5 Kilometer langen Strecke rechnete die Direktion mit einem regen Ausflugsverkehr ins Immental, zur Waldgaststätte „Jägerhäusle" und zum Stadtgarten, wo ein Abstellgleis für Sonderwagen vorgesehen war. Die Strecke sollte zusammen mit der ebenfalls geplanten Linie I betrieben werden, was in der Innenstadt zu einer Entlastung der Linien A und D geführt hätte.

Die Linie I: Schreiberstraße – Kronenstraße

war zunächst zur Erschließung der sogenannten Kronenmatten vorgesehen, einem Gebiet, dem die Stadtverwaltung nach der ebenfalls geplanten Verlegung der Höllentalbahn einen raschen Aufschwung vorhersagte. Die zunächst an der Basler Straße eingeplante Endhaltestelle war nur als Provisorium gedacht. In den Köpfen der Planer spukten bereits Ausbaupläne nach St. Georgen und Merzhausen herum.

Die Linie K: Stühlinger Kirchplatz – Haslach

war schon beim Bau der Linie 5 (damals noch als G) zum Stühlinger Kirchplatz erstmals in Betracht gezogen worden. Dem Stadtrat lagen für die geplante Straßenbahnstrecke mit einer Länge von 1,8 Kilometern zwei alternative Entwürfe vor, von denen der erste den eingleisigen, der zweite einen zweigleisigen Ausbau vorsah. Die Direktion sprach sich für die erste Variante mit einer Ausweiche an der Markgrafenstraße aus, was für einen 20-Minuten-Takt ausgereicht hätte. Denn zunächst sollte nur jeder zweite Zug der Linie 5, die jetzt noch alle zehn Minuten zum Stühlinger Kirchplatz rollte, nach Haslach durchfahren.

Die Linie L:
Stühlinger Kirchplatz – Hohenzollernplatz

war mit einer Länge von einem knappen Kilometer zunächst als Verbindungsstrecke zwischen den Linien 3 und 5 gedacht, für die Zukunft aber als

Die Ausbaupläne der Freiburger Straßenbahn aus dem Jahre 1911

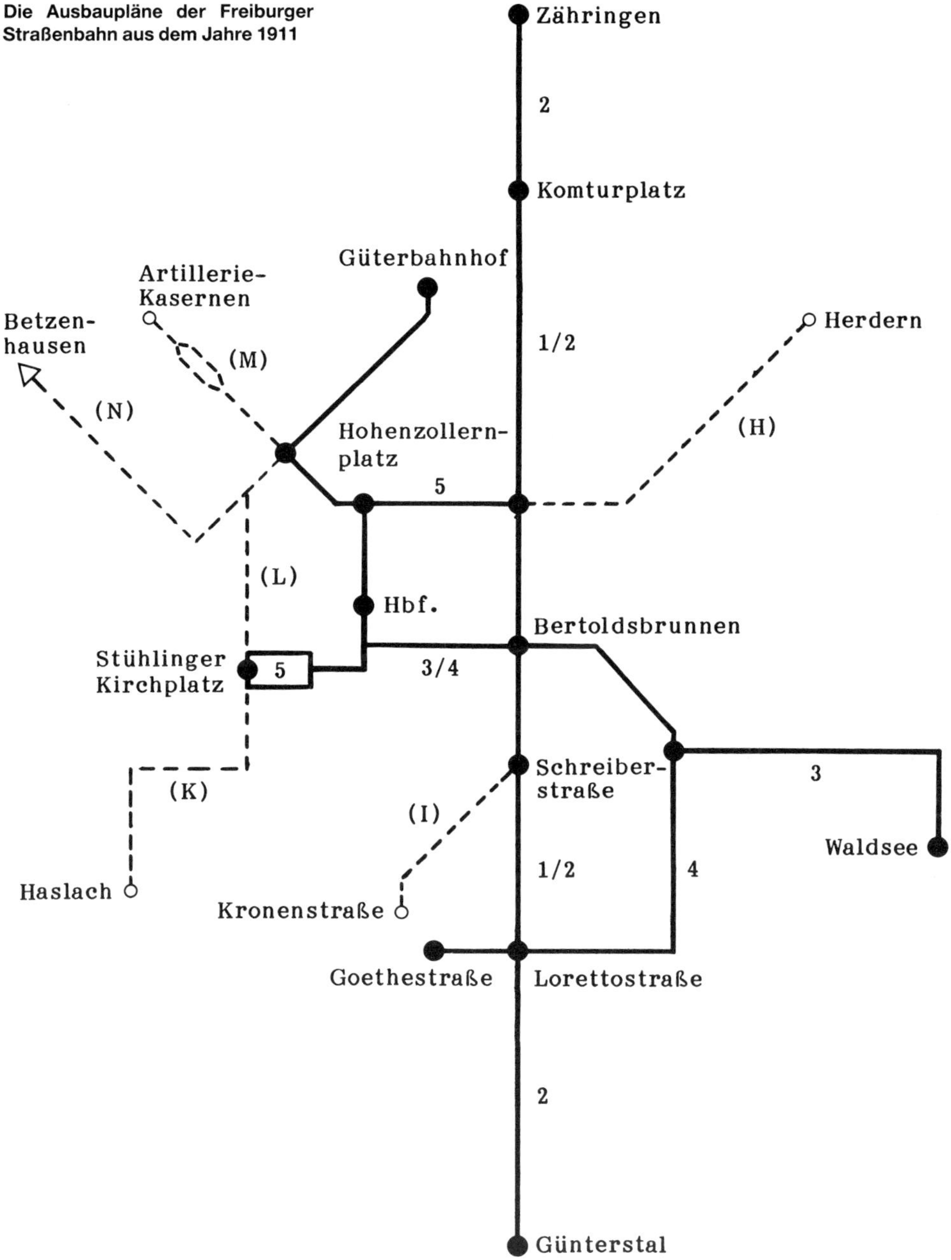

Auf Längsbänken saß man in den früheren Straßenbahnen. Der Jugendstil hinterließ seine Spuren auch bei der Ausgestaltung der Fahrzeuge. Man beachte nur einmal die Zierlampen an den Fensterholmen

Mittelstück einer Querlinie von Haslach zum Güterbahnhof. In der ersten Zeit sollte aber nur alle zehn Minuten eine Tram über die eingleisige Strecke pendeln.

Die Linie M:
Hohenzollernplatz – Artilleriekaserne

sollte als nördliche Verlängerung der Linie 4 betrieben werden, die 1911 noch an der Lehener Straße endete. Für die 0,9 Kilometer lange Strekke, die das Gelände der heutigen Universitätskliniken der Länge nach durchschnitt, gab es damals außer einem Wunsch der Armee, die ihre Kasernen gerne an das Stadtzentrum angeschlossen gesehen hätte, eigentlich kein Verkehrsbedürfnis. Deshalb ging der Stadtrat schon bei der Diskussion der Vorlage von einem jährlichen Zuschuß von 8000 bis 10000 Mark aus.

Die Linie N:
Hohenzollernplatz – Betzenhausen

wäre, wenn man sie gebaut hätte, mit 2,8 Kilometern die längste Neubaustrecke geworden. Der Stadtteil Betzenhausen, gerade zwei Jahre eingemeindet, war in jenen Jahren noch ein Bauerndorf. Der Fußmarsch entlang des Dreisamufers dauerte von der Innenstadt aus eine gute Stunde. Für die geplante Straßenbahnstrecke, die neben Betzenhausen den gesamten Westen Freiburgs mit seinen Dörfern anschließen sollte, gab es drei verschiedene Varianten: Durch die Hugstetter Straße mit einer Haltestelle an den Kasernen (was den Bau der Linie M überflüssig gemacht hätte), durch die Barbarastraße und entlang der Lehener Straße. 24000 Mark jährliche Betriebskosten berechnete die Direktion als Betriebskosten für die Außenstrecke, die unabhängig vom Stadtnetz zweimal pro Stunde befahren werden sollte. Um diese Kosten wieder hereinzufahren, wären mindestens zehn Passagiere pro Fahrt erforderlich gewesen. Da eine solche Frequentierung als utopisch angesehen wurde, plante der Stadtrat auch für die Betzenhausener Strecke von vorneherein ein Defizit von 14000 Mark ein.

Defizite waren schon in jenen Tagen kein Fremdwort für die Betreiber von öffentlichen Verkehrsmitteln. Auch in Freiburg warfen nur die Linien 1 und 2 einen Überschuß von 59000 Mark ab, während die Linien 3 und 4 1913 einen Zuschuß von 12500 Mark benötigten, die kurze Linie 5 vom Siegesdenkmal ins Stühlinger sogar von 25000 Mark. Als Grund nannte die Direktion für die LInien 3 und 4, daß wegen des Fünf-Minuten-Betriebes zur Schwarzwaldstraße „zeitweilig das Wagenangebot über das tatsächliche Bedürfnis weit hinausgeht“.

Insgesamt 1150400 Mark, zuzüglich der Kosten für zehn zusätzliche Triebwagen und zwei Strekkenfahrzeuge, hätte der Bau aller Strecken nach einer Berechnung vom Februar 1912 gekostet – wären sie tatsächlich gebaut worden. Der Ausbruch des Ersten Weltkrieges aber verbannte von den sechs ehrgeizigen Projekten gleich vier in den Archivkeller der Stadtverwaltung; von 8,5 Kilometern Neubaustrecke blieben ganze 3,3 Kilometer – die Strecken nach Herdern und Haslach – übrig.

Die Haslacher Bürger konnten als erste ihren Anschluß ans Straßenbahnnetz feiern. Nach Fertigstellung der Ochsenbrücke über die Dreisam im Verlauf der Eschholzstraße und der (eingleisigen Strecke) zur Markgrafenstraße/Ecke Staufenstraße konnte die Verlängerung der Linie 5 am 1. Oktober 1913 in Betrieb genommen werden. Eine Ausweiche für Zugkreuzungen befand sich an der Haslacher Mühle. Neun Monate später, am 1. Juli 1914, wurde als Linie 6 auch die Strecke vom Siegesdenkmal nach Herdern eröffnet. Die Endhaltestelle befand sich an der Jacobistraße.

Diese Netzerweiterungen hatten eine weitere Aufstockung des Fahrzeugparks zur Folge. Im Frühjahr 1914 trafen die Triebwagen 41–47 in Freiburg ein. Die von MAN gebauten Fahrzeuge, mit denen die Freiburger Straßenbahn in den folgenden Jahren gute Erfahrungen machte, hatten gegenüber ihren Vorgängermodellen stärkere Motoren, weshalb sie vorwiegend auf der Linie Zähringen – Günterstal eingesetzt wurden, die als einzige geringe Steigungen aufwies. Eine spontan geplante Nachbestellung mußte wegen des Kriegsausbruches aber ebenso zurückgestellt werden wie der weitere Ausbau des Straßenbahnnetzes, das jetzt eine Länge von 17,8 Kilometern hatte. Am härtesten traf das zunächst wahrscheinlich die Einwohner von Betzenhausen, die sich 1911 nach den Planungen der Linie N schon auf die Elektrische gefreut hatten. Sie mußten noch genau 72 Jahre – bis zur Eröffnung der Stadtbahn im Dezember 1983 – auf ihren Anschluß an das Straßenbahnnetz warten.

Neue Aufgaben, neue Probleme

Deutschlands Eintritt in den Ersten Weltkrieg am 1. August 1914 traf die Freiburger Straßenbahn mitten in ihrer Aufbauphase. Alle Neubauarbeiten, unter anderem der erst 1913 begonnene Ausbau der Günterstaler Strecke, mußten sofort abgebrochen werden. In vielerlei Hinsicht wirkte sich der Krieg katastrophal aus. Während mit Verwundeten- und Gütertransporten neue Aufgaben auf den jungen Betrieb zukamen, wurde das Personal durch Einberufungen laufend dezimiert. So waren 1915 von den 133 Bediensteten der Vorkriegszeit gerade noch neun Mann übriggeblieben.

Die Verwaltung mußte ihrerseits mobilmachen, um für Fahrdienst und Werkstatt Aushilfskräfte anzuwerben. Vor allem Frauen mußten jetzt in die Bresche springen. 1917 waren bei einem Gesamtpersonalstand von 153 Angestellten 100 Frauen – 70 Schaffnerinnen und 30 Wagenführerinnen – im Dienst. Der weibliche Anteil am Personal betrug also über 60 Prozent. Trotzdem mußten der Fahrplan ausgedünnt und die Linien Herdern – Haslach und Hauptbahnhof – Goethestraße im ersten Kriegsmonat zeitweilig komplett eingestellt werden, was die Lage weiter verschlechterte. Denn die Beförderungsleistungen waren nach Kriegsbeginn sprunghaft angestiegen. Das gesamte Militär sowie die Mitarbeiter des Roten Kreuzes hatten freie Fahrt. Von dieser Vergünstigung wurde so reger Gebrauch gemacht, daß das Platzangebot selbst dann nicht ausreichte, wenn kein Fahrzeug im Depot zurückgeblieben war.

Dazu kamen neue Aufgaben für die Straßenbahn. In Zusammenarbeit mit dem Roten Kreuz wurden noch 1914 die Beiwagen 113–116 für den Verwundetentransport umgerüstet. Schon am 10. Mai 1912 (!) hatte das Rote Kreuz in einem Schreiben an die Direktion darum gebeten, der Hilfsorganisation im Falle einer Mobilmachung „zehn der neuen grossen Wagen zu überlassen", um einen ständigen Pendelverkehr zwischen dem Güterbahnhof und den Lazaretten einzurichten. Am Güterbahnhof entstand für diese Zwecke ein spezielles Anschlußgleis, das an der Kaiserstuhlstraße von der Linie 3 abzweigte und durch das Gelände des Güterbahnhofs zur sogenannten Kriegsrampe führte. Dort wurden die Tragbahren mit den Verletzten von den Reichsbahnwagen in die Straßenbahn umgeladen. Das *Freiburger Tagblatt* berichtete kurz nach der Inbetriebnahme am 13. November 1914:

„Der Transport der Verwundeten vom Güterbahnhof nach den Lazaretten hat durch die Herstellung eines Anschlußgleises von der Straßenbahnlinie 3 beim Güterbahnhof nach der Militärverladerampe daselbst in den letzten Tagen eine sehr wesentliche Verbesserung erfahren. Das neue Gleis zweigt an der Nordost-Ecke des Friedhofs von den bestehenden Straßenbahngleisen ab und führt quer über den zwischen Kaiserstuhl- und Neunlindenstraße liegenden Platz unmittelbar auf die Militärrampe zu. An dieser ist es innerhalb des Güterbahnhofs noch auf einer Länge von etwa 200 Meter entlang geführt, so daß es dort Platz zur Aufstellung von über 20 Straßenbahnwagen bietet. Dadurch ist nunmehr die Möglichkeit geschaffen, daß die Verwundeten von den Lazarettzügen aus unmittelbar in die Wagen der Straßenbahn übergeführt und von dort bis fast vor die Türen der meisten Lazarette gefahren werden. Diese Einrichtung ist für die kommende rauhe Jahreszeit gewiß von ganz besonderem Wert. Soweit die Beförderung der Verwundeten auf Bahren stattfinden muß, sind für deren Unterbringung in den Straßenbahnwagen durch Entfernung der Sitzbänke und dergl. die nötigen Vorkehrungen getroffen. Daß diese Transporte durch die Straßenbahn unentgeltlich geleistet werden, ist wohl selbstverständlich, verdient aber immerhin bemerkt zu werden. Auch im Verkehr von einem Lazarett zu dem andern und zwischen diesen und den klinischen Instituten sowie den Bahnhöfen ist die Beförderung unentgeltlich."

Durchschnittlich zwölf Sonderwagen mußten bei Ankunft der Lazarettzüge, meistens nachts, zur Verfügung gestellt werden. In die Kasse der Straßenbahn rissen solche Staatsdienste große Löcher. Obwohl die Beförderungszahlen sprunghaft angestiegen waren, sanken die Einnahmen im Rechnungsjahr 1915 auf 641 000 Mark gegenüber 689 000 Mark im Vorjahr. Die Transportbilanz dieses Jahres: 14 874 Leicht- und 5905 Schwerverletzte. Zum ersten Mal mußte die Stadt finanziell aushelfen. Um die vorgesehenen Rücklagen in den Erneuerungsfonds termingerecht leisten zu können, mußte Freiburgs Stadtkämmerer 1915 rund 3500 Mark, 1916 schon fast 29 000 Mark an die Direktion überweisen.

Zu allem Unglück ereignete sich 1916 auch noch der bis dahin schwerste Unfall in der Geschichte der Freiburger Straßenbahn, nach dem der beteiligte Triebwagen 32 nur noch verschrottet werden konnte. Nach einem Luftangriff kam der Wagen am Abend des 12. Oktobers gegen halb zehn bei regnerischem Wetter aus Günterstal zurück und durchbrach bei völliger Dunkelheit am Bahnübergang in der Günterstalstraße die Schranken der Höllentalbahn. Dabei erfaßte ihn ein ins Höllental fahrender Zug. Triebwagen 32 wurde dabei total zerstört, der Wagenführer schwer, ein Schaffner und der einzige Fahrgast leicht verletzt. Zum Glück blieb der Zusammenstoß in der Günterstalstraße einer der wenigen wirklich schweren Unfälle in der Geschichte der Freiburger Straßenbahn. Dafür wurden kleinere und größere Karambolagen mit zunehmendem Straßenverkehr immer alltäglicher. Der Betriebsbericht aus dem Jahr 1926 zum Beispiel verzeichnet schon 59 Zusammenstöße. Je 15 mit Lastwagen und Pferden, 25 mit Personenwagen, je zwei mit Fahrradfahrern und Handkarren. Nur bei vier dieser Unfälle traf den Wagenführer der Straßenbahn die alleinige Schuld.

Während Direktor Eitner den Fahrdienst während der Kriegsjahre trotz aller Widrigkeiten einigermaßen aufrechterhalten konnte, mußte er bei den Reparaturen und Instandsetzungen große Abstriche machen. Von 46 Mann Werkstattpersonal waren 1915 gerade 10 Mann übriggeblieben, von den 26 Strecken- und Oberleitungsarbeitern ganze drei. Gleisarbeiten wurden auf das Allernotwendigste beschränkt, die Triebwagen wirkten verwahrlost und liefen zeitweise nur noch mit einem Motor. Erschwerend kam hinzu, daß immer mehr Fahrzeuge für Kriegsdienste abgezogen wurden. 1917 baute die Hauptwerkstatt die offenen Sommerbeiwagen 102–104 in Güterwagen um. Zusammen mit zehn vom Apparatewerk Aachen beschafften Kippwagen sollten sie Warentransporte vom Güterbahnhof in die Stadt übernehmen, weil selbst Pferde immer knapper wurden. Auch dazu war – ausgehend von der Endhaltestelle der Linie 3 – 1917 ein spezielles Anschlußgleis in den Güterbahnhof gelegt worden. Da der Weltkrieg aber mittlerweile in seine Endphase getreten war, spielte der Güterverkehr nie eine wesentliche Rolle.

Trotz aller Schwierigkeiten konnte im gleichen Jahr endlich der schon 1913 begonnene Ausbau der Linie 2 nach Günterstal abgeschlossen werden – die einzige größere Baumaßnahme zwischen 1914 und 1918, deren Fertigstellung nur durch den Einsatz von Kriegsgefangenen möglich war. 1911 hatte die Direktion eine Neutrassierung der Strecke geplant, da die alte eingleisige Führung entlang der kurvenreichen Günterstaler Straße schon lange nicht mehr den Bedürfnissen gerecht wurde. 1913 begann die Gleisbauabteilung deshalb mit dem zweigleisigen Ausbau auf einem neuen, eigenen Bahnkörper zwischen der Silberbachstraße und dem Wiesenweg am Günterstaler Ortseingang. Die Engpässe auf der Strecke vor allem im sommerlichen Ausflugsverkehr waren aber nicht der einzige Grund für den großzügigen Ausbau. Bei den Zukunftsplanungen der Freiburger Stadtväter nahm die Günterstaler Strecke eine besondere Stellung ein, da sie Bestandteil einer elektrischen Bahn werden sollte, deren Ziel die Erschließung des Schauinslandes und weiter Gebiete des südlichen Schwarzwaldes war.

Schon 1893, als Freiburgs Oberbürgermeister Dr. Otto Winterer die Genehmigung zum Bau der Schauinslandstraße gab, hatte er darauf hingewiesen, daß es nötig sei, dieses Gebiet besser zu erschließen, „sei es durch Wege, Straßen oder Eisenbahnen". 1908 beauftragte der Stadtrat die Direktion der Straßenbahn zur Ausarbeitung entsprechender Pläne – und erntete zunächst Hohn und Spott. So wurden die Vorschläge des Oberbürgermeisters von der *Freiburger Volkszeitung* als „Abenteurerpolitik" abgetan. Während schon damals erste Vorschläge den Bau einer Luftseilbahn vorsahen, setzte das von der Direktion beauftragte Züricher Ingenieurbüro Peter auf eine Verlängerung der Straßenbahnlinie 2 bis zum Försterhaus am Friedrichshof, etwa der Stelle, wo heute die Talstation der Schauinslandbahn-

Bis zur Mitte der dreißiger Jahre kreuzte die Höllentalbahn höhengleich die Günterstaler Straße. Im Oktober 1916 stieß hier der Wagen 32 mit einem Zug zusammen. Er wurde dabei so stark beschädigt, daß er verschrottet werden mußte. Unten eine Aufnahme des Triebwagens 31 im noch kaum bebauten Littenweiler

Blick auf die Günterstaler Strecke mit der baumbestandenen Schauinslandstraße. Unten links der Triebwagen 38 umgeben von den Mitarbeitern der Straßenbahn, die ihn warteten und für den täglichen Einsatz vorbereiteten. Rechts unten ein Foto von Arbeiten an der Günterstaler Strecke. Im Hintergrund der Wagen 202

Schwebebahn liegt. Von dort aus sollte nach den Vorschlägen der Schweizer eine Zahnradbahn über den Heibrainkopf und die Holzschlägermatte auf den Schauinslandgipfel führen. Um den Fahrgästen ein Umsteigen zu ersparen, war geplant, daß die Beiwagen der Zahnradbahn am Friedrichshof an die Straßenbahnzüge angehängt werden. Die Fahrzeit von der Stadtmitte auf den Schauinsland hätte eine Stunde betragen; als Baukosten waren insgesamt 1 280 000 Mark veranschlagt.

Auf ein Konkurrenzausschreiben hin, das die 1911 vom Stadtrat benannte „Kommission für die Erbauung einer Bahn auf den Schauinsland" durchführte, gingen insgesamt acht Entwürfe ein. Drei Firmen wollten Seilschwebebahnen bauen, ein Unternehmen plante eine Standseilbahn, drei andere sprachen sich für eine Zahnradbahn aus. Den ungewöhnlichsten Entwurf reichte die Daimler-Motoren-Gesellschaft aus Berlin ein: sie empfahl eine Obuslinie. Das Ergebnis des Konkurrenzausschreibens rief auch andere Interessenten auf den Plan. Bürgermeister aus dem Hexental und dem oberen Wiesental trugen am 8. April 1911 im Freiburger Rathaus ihren Wunsch vor, ebenfalls durch eine Bahnverbindung an die Schwarzwaldmetropole angeschlossen zu werden.

Am 18. November des Jahres schließlich, der Bürgerausschuß hatte längst das Schweizer Ingenieurbüro Peter mit der Ausarbeitung eines baureifen Planes betraut, schaltete sich die Süddeutsche Eisenbahn Gesellschaft (SEG) in die langwierige Diskussion ein. Nachdem die Gesellschaft mit Sitz in Darmstadt dem Stadtrat mehrere Projekte vorgeschlagen hatte, darunter ein komplettes Netz von „Breisgau-Bahnen" ins Tuniberggebiet und ins Hexental, von Freiburg nach Todtnau und vom Notschrei über den Großen Feldberg nach St. Blasien, kam es 1913 in der Stadtrats-Kommission zu einer Entscheidung.

Eine 35 Kilometer lange reine Adhäsionsbahn ohne Zahnstangenabschnitte sollte, beginnend vor dem Freiburger Hauptbahnhof, durch das Hexental über Merzhausen und Au nach Horben führen. Von hier aus war an eine Linienführung über den Schauinsland und Notschrei nach Todtnau gedacht, wo Anschluß an die Zell-Todtnauer Bahn bestanden hätte, die die SEG ebenfalls kaufen und elektrifizieren wollte. Eine Stichbahn hätte später den Feldberg und St. Blasien an die Strekke bei Notschrei anschließen können.

Der Plan der SEG war vor allem schon deshalb interessant, weil er die Stadt finanziell erheblich entlastete. Immerhin sollte der Bau der Bahnen inklusive der Umrüstung der Strecke Zell-Todtnau mehr als 10 Millionen Mark kosten – zur damaligen Zeit eine ungeheure Summe. Die Stadt sollte 51 Prozent des Aktienkapitals der zu gründenden „Freiburger Eisenbahn Gesellschaft AG" halten, die SEG die restlichen 49 Prozent.

Noch am 20. Juli 1914 schien es so, als wäre das Schauinslandbahn-Projekt eine ausgemachte Sache. Innerhalb der nächsten Tage – so berichtete Straßenbahndirektor Emil Eitner, der die Verhandlungen mit der SEG geführt hatte, dem Oberbürgermeister – wolle die SEG den endgültigen Bauplan vorlegen. Aber: Auch hier machte der Ausbruch des ersten Weltkrieges Eitner einen Strich durch die Rechnung. Ebenso wie seine Projekte zum Ausbau des Straßenbahnnetzes mußte er auch die Pläne für ein Schwarzwaldnetz begraben. Zwar gab es nach Kriegsende noch mehrere Versuche, die Schauinsland-Eisenbahn zu reaktivieren, durch die beginnende Inflation aber blieb nichts anderes übrig als den schönen Plan endgültig zu den Akten zu legen.

Das Freiburger Stadtnetz war bei Kriegsende in einem schlechten Zustand. Insgesamt 63641 Leicht- und 13608 Schwerverletzte hatte die Straßenbahn während der Kriegsmonate befördert. 46 Motor- und 17 Anhängewagen blieben für den Alltagsbetrieb übrig. Fast 200000 Mark Unterstützung waren von der Gesellschaft als Unterstützung an die Familien des eingezogenen Personals bezahlt worden. Doch statt einer Besserung der Verhältnisse warteten auf den Betrieb schon neue Schwierigkeiten.

Durch den Mangel an Kohlen und Strom mußte der Fahrplan – obwohl der Ansturm auf die Wagen nach Heimkehr der Soldaten weiter anstieg – radikal eingeschränkt werden. Ab September verkehrten die Trambahnen nur noch alle zehn beziehungsweise zwanzig Minuten. Im November wurde die Lage so prekär, daß zeitweise nur noch der Vorortverkehr aufrechterhalten werden konn-

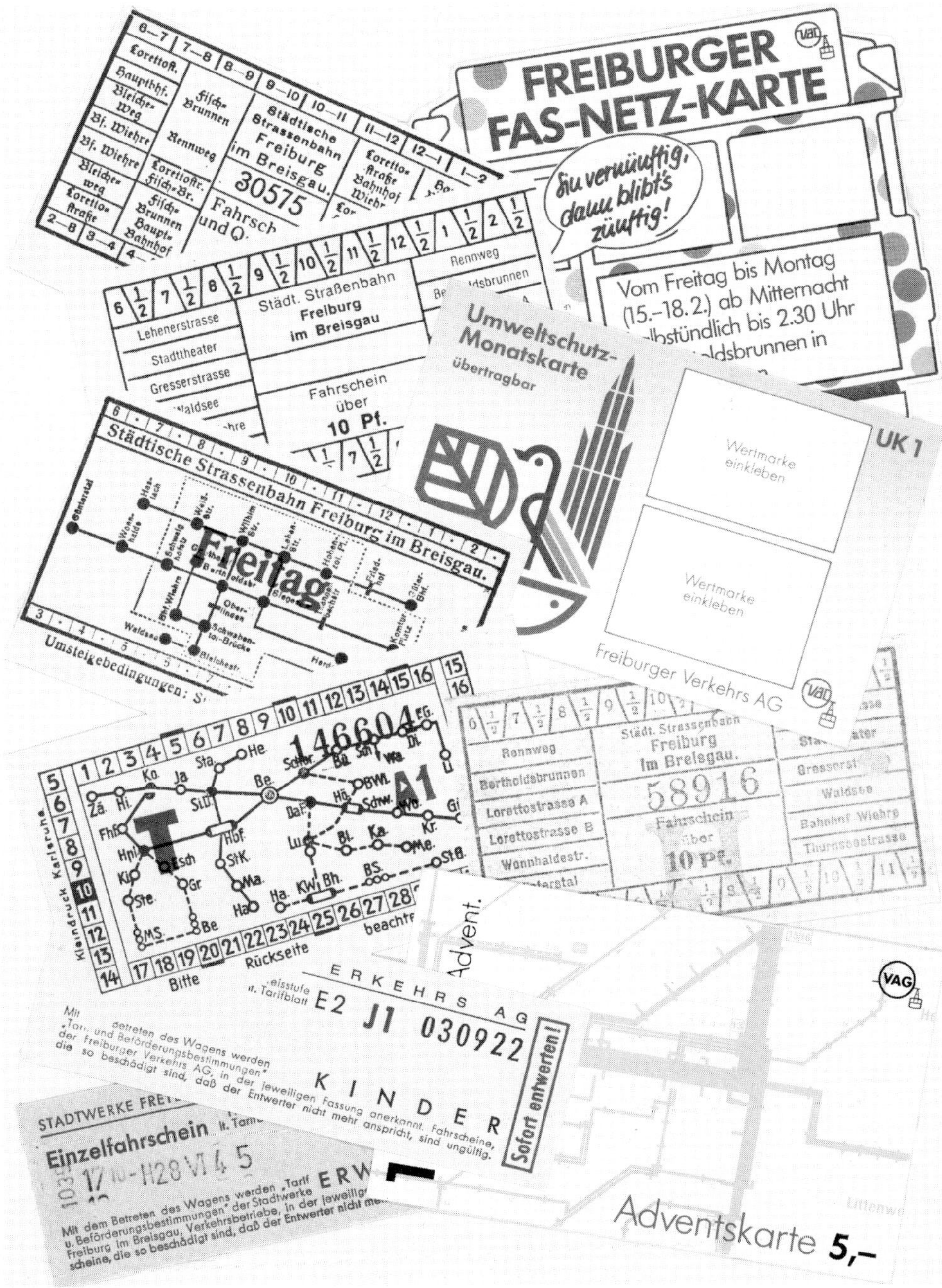
FREIBURGER FAS-NETZ-KARTE
Siu vernüuftig, dauu blibt's züuftig!
Vom Freitag bis Montag (15.–18.2.) ab Mitternacht
Städtische Strassenbahn Freiburg im Breisgau.
30575
Städt. Straßenbahn Freiburg im Breisgau
Fahrschein über 10 Pf.
Umweltschutz-Monatskarte übertragbar
UK 1
Wertmarke einkleben
Wertmarke einkleben
Freiburger Verkehrs AG
Städtische Strassenbahn Freiburg im Breisgau.
Freitag
Umsteigebedingungen:
146604
A1
Kleindruck Karlsruhe
Bitte Rückseite beachten
Städt. Strassenbahn Freiburg im Breisgau.
58916
Fahrschein über 10 Pf.
Rennweg
Bertholdsbrunnen
Lorettostrasse A
Lorettostrasse B
Wonnhaldestr.
Gresserstr.
Waldsee
Bahnhof Wiehre
Thurnseestrasse
Advent.
VERKEHRS AG
E2 J1 030922
KINDER
Sofort entwerten!
STADTWERKE FREI
Einzelfahrschein
Adventskarte 5,–

te. Im Stadtinneren standen alle Räder still, das Personal wurde zum Brennstoffsammeln in die städtischen Wälder geschickt. Trotzdem konnte am 23. November, als sich die Situation etwas entschärft hatte, nach Fertigstellung der Gleiskreuzung am Siegesdenkmal der durchgehende Betrieb zwischen Haslach und Herdern aufgenommen werden.

Zum Sommerfahrplan 1921, mit dessen Beginn das Zahlsystem von Einzelfahrkarten auf Fahrscheinheftchen umgestellt und die Lochzangen abgeschafft wurden, ergab sich folgendes Liniensystem:

Linie 1: Komturplatz (Roßgäßle) – Lorettostraße
(gelbe Schilder)

Linie 2: Zähringen – Günterstal
(grüne Schilder)

Linie 3: Lehener Straße – Bleichestraße
(weiße Schilder)

Linie 4: Güterbahnhof – Waldsee
(rote Schilder)

Linie 5: Herdern – Haslach
(blaue Schilder)

Linie 6: Schwabentorbrücke – Goethestraße
(rot-weiße Schilder)

Durch die Streckenänderung der Linie 3, die jetzt wieder zur Bleichestraße fuhr, wurde das Reststück von der Schwabentorbrücke zur Goethestraße zur reinen Zubringerlinie abgestuft. Nachdem die Fahrgastzahlen ab 1922 durch die beginnende Inflation und die damit verbundenen laufenden Fahrpreiserhöhungen ständig abnahmen, war die neue Linie 6 die erste, der es an den Kragen ging. Vom 16. Oktober 1922 bis 22. Dezember 1924 stellte die Direktion den Pendelverkehr auf dieser Strecke wegen Unrentabilität ein. Auch im übrigen Betrieb machte sich die permanente Geldentwertung bemerkbar. Hatte der Fahrpreis 1919 noch zwischen 15 und 25 Pfennig betragen, stieg er 1920 auf den Einheitspreis von 60 Pfennig an. Ende 1921 mußten die Fahrgäste für eine Stadtfahrt schon 1,50 Mark bezahlen. 1922 – nach insgesamt 15 Fahrpreiserhöhungen – kostete ein Einzelfahrschein bereits stolze 300 Mark.

Trotzdem war der Straßenbahnbetrieb unrentabel. Immer häufiger mußten finanzielle Lücken durch Zuschüsse aus der Stadtkasse ausgeglichen werden. Die durchschnittliche tägliche Fahrgastzahl war seit 1919 von 40000 auf 21000 abgefallen. Der Fahrplan wurde zunächst auf einen 7½ Minuten-Takt, ab 1. Oktober 1923 sogar auf 15 Minuten-Betrieb umgestellt. Ein Ende der Entwicklung war nicht abzusehen. Als die Direktion am 11. September 1923 beim Stadtrat beantragte, zwei Millionen neue Einzelfahrscheine bestellen zu dürfen, sollte deren Wert satte sieben Milliarden Mark betragen. Am 21. November erreichte die Inflation für Freiburgs Straßenbahn ihren Höhepunkt. Wer am Hauptbahnhof einstieg und die drei Haltestellen bis zum Bertoldsbrunnen fahren wollte, mußte dem Schaffner dafür den phantastischen Betrag von 100 Milliarden Mark in die Hand drücken.

Als die Kontrolleure zehn Tage später, am 31. November, gerade noch 2203 Fahrgäste zählen konnten, war der absolute Tiefpunkt erreicht. In der Werkstatt war längst Kurzarbeit, auf Teilen des Netzes Einmannbetrieb eingeführt. Der Straßenbahn drohte die völlige Einstellung, die von den Verantwortlichen einige Tage lang ernsthaft diskutiert wurde.

In einem Bericht, den Direktor Eitner 1926 zum 25jährigen Jubiläum der Straßenbahn vorlegte, beschrieb er jene Tage: „So war die Not aufs höchste gestiegen, und zur gänzlichen Einstellung des gesamten Betriebes war in der Tat nur noch ein kleiner Schritt. Da erfolgte – auch der Straßenbahn zur Rettung – die Stabilisierung unserer Währung und die Einführung der Rentenmark (gleich einer Billion Papiermark). Am 10. Dezember 1923 wurde ein neuer Tarif auf Grund der Rentenmark eingeführt, und sofort setzte eine stetige Wiedererstarkung und Erholung des ganzen Unternehmens ein."

20 neue Pfennige betrug jetzt der Preis einer Einzelfahrt, 1,30 Mark das Heftchen für zehn beliebig lange Fahrten. „Selbstverständlich konnten die schweren Schäden, die diese unglückselige Periode der Entwicklung der Bahn gebracht hatte, auch nicht annähernd mehr ausgeglichen werden", schrieb Eitner in seinem Bericht. Zumindest aber war das Unternehmen über den Berg gekommen.

Ausbau und Konkurrenz: Die Straßenbahn bekommt einen Betriebszweig

Kaum war das Krisenjahrzehnt aus Weltkrieg und Inflation überwunden, ging ein Ruck durch den Betrieb. Die Direktion stockte das Fahrpersonal binnen weniger Wochen von 52 Mann (im Dezember 1923) auf 140 Mann (im März 1924) auf, ließ den maroden Fahrzeugpark grundlegend renovieren und große Teile des ramponierten Gleisnetzes austauschen. Auch die Beförderungszahlen stiegen nach der Währungsreform wieder erfreulich an.

Endlich konnte Emil Eitner auch längst abgeschriebene Ausbaupläne wieder aus der Schublade ziehen. So hatte sich der Stadtrat 1914 bei der Eingemeindung des Dorfes Littenweiler verpflichtet, die östlich von Freiburg im Dreisamtal gelegene Gemeinde innerhalb von drei Jahren an das Straßenbahnnetz anzuschließen. Durch den ersten Weltkrieg verzögert, konnte der Bürgerausschuß erst im Dezember 1919 seine Zustimmung zu der 1,85 Kilometer langen Neubaustrecke geben, die am Gasthaus Schiff, kurz vor der Endhaltestelle Waldsee, von der Linie 4 abzweigen sollte. Als neuer Endpunkt war der Straßenübergang der Höllentalbahn am Bahnhof Littenweiler vorgesehen. Durch die immensen Teuerungsraten während der Inflation – statt 960000 Mark sollte die Strecke 1921 schon fast zwei Millionen Mark kosten, später stieg der Preis vollends ins Unermeßliche – verzögerte sich der Bau abermals um fast fünf Jahre.

Im Dezember 1924 verkehrten die ersten Pendelwagen zwischen dem Schiff und der Hammerschmiedstraße, am 7. März 1925 konnte auch das Reststück zur Lindenmattenstraße in Littenweiler eröffnet werden. Die Strecke wurde von der Linie 4 bedient, der Waldsee ab dem gleichen Tag von der Linie 3 angefahren, die bislang an der Bleichestraße geendet hatte. Vier Wochen später, am 10. April, feierten auch die Haslacher Bürger den Ausbau ihrer Linie 5, die von der Markgrafenstraße aus um 250 Meter bis zum Schulhaus an der Christophstraße verlängert worden war.

Bis auf ein kurzes Streckenstück, (die Verlegung der Linie 4 von der Waldkircher- in die Komturstraße), war der Ausbau des Freiburger Straßenbahnnetzes damit bis in die Neuzeit hinein abgeschlossen. Zwar fieberten nach wie vor zahlreiche Stadtteile und Gemeinden wie St. Georgen, Merzhausen oder Betzenhausen nach einer eigenen Straßenbahnlinie, bekommen sollten sie diesen Anschluß aber nicht. Denn mehr und mehr drängte sich Mitte der zwanziger Jahre ein anderes Verkehrsmittel in den Vordergrund, das gegenüber der schienengebundenen Tram einige Vorteile aufzuweisen hatte: der Omnibus.

Am 18. März 1895, frühmorgens um sechs, war der weltweit erste „Automobil-Omnibus" mit der sagenhaften Durchschnittsgeschwindigkeit von 14 Stundenkilometern von Netphen nach Deuz im Siegerland gerollt. Von außen erinnerte das 5 PS-Gefährt der Firma Benz & Co., das zehn Passagiere mitnehmen konnte, an eine Kutsche ohne Pferde. Sehr schnell erkannten Politiker und Stadtväter, daß der Bus auf Kurzstrecken und bei geringem Verkehrsaufkommen eine Alternative zur Eisenbahn war, weil er auf öffentlichen Straßen verkehrte und keine teuren Gleisanlagen brauchte. Vor Beginn des ersten Weltkrieges, als sich der Kraftbus allmählich überall in der Welt durchzusetzen begann, liefen im Deutschen Reich gerade 577 Omnibusse – ausschließlich im Überlandverkehr. Auf 72000 Schienen-Kilometer kamen 1914 nur 6800 Kilometer Omnibuslinien. Mit zunehmender Kapazität, Leistung und Geschwindigkeit der Fahrzeuge aber war der Vormarsch des Omnibusses nicht mehr aufzuhalten. Anfang der zwanziger Jahre gingen immer mehr Städte dazu über, anstelle von Vorort- oder Überlandstraßenbahnen entsprechende Kraftwagenlinien einzurichten.

Betzenhausen, das seit 1911 vergeblich auf einen Anschluß ans Straßenbahnnetz wartete, sollte der erste Freiburger Stadtteil werden, der Erfahrungen mit dem neuen Verkehrsmittel sammeln

Waldsee
61
59

Oben links die Wagenhalle II an der Komturstraße kurz nach ihrer Inbetriebnahme 1928. Die Häuser in der Umgebung wurden erst in den folgenden Jahren erstellt. Rechts oben eine Aufnahme eines Triebwagens auf der Linie 5. Links: Präsentation einer neuen Triebwagenreihe. Auf der Günterstaler Strecke posieren Wagen der Serie 57 bis 61 für den Fotografen

konnte. Am 27. September 1925 wurde die erste Freiburger Buslinie vom Hohenzollernplatz nach Betzenhausen eröffnet. Zwar hatte schon 1903 eine „Gemeinnützige Gesellschaft der Bürger vom Hexental" eine Omnibuslinie vom Holzmarktplatz nach Biezighofen-Wittnau betrieben, bereits nach wenigen Monaten mußten die Fahrten jedoch wieder eingestellt werden. Für die drei Kilometer lange Betzenhausener Strecke hatte MAN zwei Niederrahmen-Busse mit je 17 Sitz- und Stehplätzen geliefert. Eigentlich hätte bei einer Fahrzeit von neun Minuten und dem vorgesehenen Fahrplantakt ein Fahrzeug völlig ausgereicht. Da die Automobile jener Zeit aber sehr störanfällig waren, gingen die Freiburger auf Nummer Sicher, obwohl die Busse mit einem Kaufpreis von je 29000 Mark fast so teuer wie ein Triebwagen waren. Die Prospekte jener Zeit lobten die moderne Bauart, das ruhige Fahrverhalten, die bequeme und gediegene Ausstattung, vor allem aber die Sicherheit für die Fahrgäste. Das Umstürzen nach einem Zusammenstoß konnte die Herstellerfirma ausdrücklich ausschließen.

Die Wagen mit den Nummern 1 und 2 und einem Gewicht von 3,5 Tonnen verkehrten zwischen sechs Uhr morgens und acht Uhr abends alle zwanzig Minuten, bis 23 Uhr zweimal pro Stunde. Durchschnittlich 750 Fahrgäste, die zum Teil auch aus dem nahe Betzenhausen gelegenen Lehen kamen, machten täglich von der neuen Linie Gebrauch. Der Fahrpreis betrug ab Stadtgrenze zehn Pfennige. „Dem tatsächlichen Verkehrsbedürfnis des Stadtteils kann ohne zu weitgehende Belastung der städtischen Finanzen durch Errichtung des vom Stadtrat vorgeschlagenen Kraftwagenverkehrs in Anschluß an die Straßenbahnen genügt werden", kommentierte die *Freiburger Zeitung*. Bei einer Frequenz von rund zehn Passagieren pro Fahrt hätte sich eine Straßenbahnlinie tatsächlich nicht rentiert. Der Stadtrat war jedoch auch skeptisch, was die Rentabilität einer Buslinie betraf. Schon bei den Beratungen im Vorfeld war vereinbart worden, daß etwaige Fehlbeträge aus der Kasse der Straßenbahngesellschaft auszugleichen seien, der die Stadtväter auch die Betriebsführung anvertrauten. Die Direktion des Elektrizitätswerkes und der Straßenbahn hatte also einen dritten Betriebszweig hinzubekommen.
Nachdem die Linie nach Betzenhausen bereits drei Jahre in Betrieb war, wurde am 24. November 1928 eine zweite Kraftbus-Strecke vom Johanneskirchplatz zum Englerplatz in der Siedlung Haslach eingerichtet. Die Länge der Strecke, die drei Daimler-Benz-Busse aus dem Werk Gaggenau (Nummern 3–5) mit Tempo 30 bedienten, betrug gut zwei Kilometer. „Aus diesem für die Bewohner des Siedlungsgebietes besonders freudigen Anlaß bitten die Unterzeichneten die Bewohner, ihre Anteilnahme an dem Ereignis durch Beflaggen oder Schmücken der Häuser zu bekunden", annoncierten der Freiburger Bauverein, die Siedlungsgesellschaft und der Lokalverein Freiburg-Haslach.

Weitere zwei Jahre später, am 15. März 1930, bekam auch das südlich von Haslach gelegene St. Georgen den langersehnten Anschluß an Freiburg. Schon 1901, nur zwei Monate nach Eröffnung der Straßenbahn, war von den St. Georgener Bürgern erstmals eine Außenlinie in ihr Dorf angeregt worden. Der Vorschlag war aber ebenso erfolglos wie eine Petition an den Stadtrat, zehn Jahre später. 265 Einwohner forderten darin, die nach Haslach geplante Straßenbahnlinie möglichst nahe an St. Georgen vorbeizuführen. Die neueröffnete Buslinie begann ebenfalls am Johanneskirchplatz, der sich immer mehr zur Verkehrsdrehscheibe des Freiburger Südwestens entwickelte und führte über die Basler Landstraße zur St. Georgener Kirche. Bereits um 4.44 Uhr morgens verließ der erste der beiden neuen Daimler Benz-Busse 6 und 7 die Stadt, zehn Minuten vor Mitternacht der letzte fahrplanmäßige Kurs St. Georgen.

Der Erfolg der neuen Kraftbuslinien beflügelte die Kritiker der Straßenbahn. Der ursprüngliche Zauber der Tram, der Reiz des Neuen, war längst verflogen. „So notwendig man sie braucht, soviel schimpft man über sie, weil man ihren Wert nicht mehr so recht anerkennen will", kommentierte die *Freiburger Zeitung* und schrieb: „Das Bestreben, die geräuschvolle Straßenbahn aus dem Innern der Städte zu verbannen und durch Kraftwagen zu ersetzen, ist wohl allgemein". Tatsächlich gab es eine breite Diskussion über die Ablösung der Straßenbahn in jenen Jahren in vielen europäischen Städten. So wie die schienengebundene Straßenbahn um die Jahrhundertwende als Synonym einer neuen Zeit galt, war dreißig Jahre später der flexiblere Bus das Verkehrsmittel, dem nach Ansicht vieler Bürger die Zukunft gehörte.

Im September 1925 erhielt die Straßenbahn einen „kleinen Bruder“ – den Omnibus. Die erste Linie des neuen Verkehrsmittels führte vom Hohenzollernplatz nach Betzenhausen. Zwei MAN-Busse standen dafür zur Verfügung

Begrüßung der ersten Busse in der Siedlung Haslach. Die vom Johanneskirchplatz ausgehende Linie wurde im November 1928 eröffnet

In Freiburg mußten indes aber ganz andere Probleme gelöst werden. Als Direktor Eitner 1926, zum 25jährigen Jubiläum des Freiburger Betriebes, einen umfassenden Bericht abgegeben hatte, schrieb er über den Wagenpark der Straßenbahn: „Nicht befriedigend sind die Verhältnisse beim Bestand an Fahrzeugen. Infolge der starken Zunahme des Verkehrs hat sich ein empfindlicher Mangel namentlich an Motorwagen mit großem Fassungsvermögen eingestellt. Es wurden daher in diesem Jahr zehn neue Motorwagen bestellt, die noch im Laufe dieses Geschäftsjahres zur Ablieferung kommen sollen. Anschließend daran sollen einige der alten, kleinen Motorwagen zu Anhängewagen umgebaut werden."

Im Juni 1927 trafen die neuen Triebwagen mit den Betriebsnummern 47 bis 56 in Freiburg ein. Sie hatten vier Achsen, verteilt auf zwei Maximum-Drehgestelle, und zwei Wendepolmotoren De 561d mit je 37 Kilowatt Leistung. Während die von der Waggonfabrik Rastatt gebauten Triebwagen 53–56 noch mit den bis dahin üblichen Lyrabügeln ausgeliefert wurden, hatten die von Fuchs in Heidelberg gelieferten Motorwagen 47–52 von Anfang an moderne Scherenstromabnehmer, die die Haupwerkstatt später auch bei den Rastatter Wagen nachrüstete. „Die Wagen machen einen sehr gefälligen, vornehmen Eindruck und stellen in ihrer modernen, soliden Bauart den beiden Firmen das beste Zeugnis aus", lobte die *Tagespost*. „Im Wageninneren fällt besonders der breite Raum zwischen den beiden Sitzreihen angenehm auf. In den alten Wagen ist der Gang so schmal, daß die Füße der Schaffner oder Fahrgäste oft in unangenehme Berührung mit den sitzenden Fahrgästen kamen. Die Innenausstattung der Wagen besteht aus Mahagoni, auf den Plattformen ist Teakholz verwendet, die Decken sind weiß." Die mit 24 Sitz- und 26 Stehplätzen größten Freiburger Wagen wurden auf den Hauptlinien 2 und 4 eingesetzt, die Motorwagen 28–39 auf die Linien 1, 3 und 5 versetzt. Die kleinen Triebwagen der ersten Baureihe konnten dadurch zum großen Teil aus dem täglichen Linieneinsatz herausgenommen werden.

Mit der Nachbestellung von fünf Triebwagen dieser Baureihe bei der Rastatter Waggonfabrik im Jahr 1929 endete die Beschaffung spezieller Freiburger Straßenbahnfahrzeuge. Die Triebwagen 57–61, die als einzigen Unterschied fünf Seitenfenster hatten, waren die letzten Fahrzeuge, deren Seitenwände mit Teakholzplatten verkleidet waren. Nach dem Zweiten Weltkrieg konnte sich die Stadt eine solch luxuriöse Ausstattung, die Freiburgs Vorkriegs-Wagenpark immer von den einheitlichen Straßenbahnfahrzeugen anderer Städte unterschieden hatte, nicht mehr leisten.

In seinem Jubiläumsbericht von 1926 hatte Eitner aber nicht nur den „Bestand an Fahrzeugen", sondern auch die „unzulänglichen Verhältnisse des Betriebsbahnhofs" kritisiert: „Die Wagenhalle reicht zur Unterbringung der heute vorhandenen Fahrzeuge schon nicht mehr voll aus, und sie wird dies nach dem Hinzukommen der neuen zehn Motorwagen um so weniger tun. Es muß daher an die Erstellung einer neuen Wagenhalle an anderer Stelle gedacht werden." Schon als Eitner diese Zeilen verfaßte, mußten Nacht für Nacht jeweils 18 Wagen im Freien abgestellt werden, nach Auslieferung der Maximum-Baureihe verschlechterte sich die Situation weiter.

Seit Jahresanfang 1926 arbeiteten die Direktions-Beamten deshalb an Plänen für eine neue Wagenhalle. Nachdem auf dem Gelände an der Urachstraße für weitere Ausbauten der Platz fehlte, hatten sie zunächst den Gleislagerplatz an der Kaiserstuhlstraße in der Nähe des Güterbahnhofs ins Visier genommen. Dort sollte, so ein Plan vom 19. Januar, ein kompletter Betriebsbahnhof mit einer 15-gleisigen Wagenhalle, Werkstatt und neuem Verwaltungsgebäude die Probleme lösen. Die Gebäude an der Urachstraße wollte man danach aufgeben.

Da die Kasse der Straßenbahngesellschaft in jenen Tagen aber mehr als dürftig ausgestattet war (den für solche Zwecke vorgesehenen Erneuerungsfonds hatte die Inflation fast vollständig aufgefressen), entschied sich der Stadtrat für eine billigere Alternative. In der Komturstraße wurde eine zweite Wagenhalle gebaut, die auf fünf Gleisen 30 Wagen aufnehmen konnte. Im Mai 1928 war der Neubau fertig. Gleichzeitig erstellte die Gleisbauabteilung eine (zunächst eingleisige) Strecke durch die Komturstraße, so daß die Endhaltestelle der Linie 4 am 8. Mai vom Güterbahnhof zum Komturplatz verlegt werden konnte. Der neue Endpunkt erhielt die Bezeichnung „Güterbahnhof (Komturplatz)". Dadurch erreichte man den seit 1906 geplanten Zusammenschluß der

Triebwagen 59 mit Beiwagen unterwegs auf der Linie 2 nach Zähringen. Der Anhänger verfügt über einen Stromabnehmer. Dieser wurde an Endstellen angelegt, um auch abgekoppelt vom Triebwagen den Beiwagen mit Strom für Beleuchtung und Heizung zu versorgen

Drei Wagen mit den Hakenkreuzflaggen unterwegs auf der Günterstaler Strecke

Zur Seite 52: Hochbetrieb herrschte in den Kriegszeiten. Die Bahn war durch Mangel an Arbeitskräften und Ersatzteilen schon längst an ihrer Kapazität angelangt. Oben eine Aufnahme vom Bertoldsbrunnen. Um trotz des Mangels an Dieselkraftstoff den Busbetrieb aufrechterhalten zu können, wurden die Fahrzeuge auf Gasbetrieb umgestellt. Der großvolumige Treibstoff wurde in speziellen Behältern auf dem Dach gespeichert

APOTHEKE
1 Komturplatz
42

Hauptlinien 2 und 4. Schon damals hatte man ja bei der Verlängerung der Linien B und C eine Streckenführung zum Komturplatz in Erwägung gezogen. Bereits 1935 mußte die neue Wagenhalle um drei Gleise in einem offenen Anbau erweitert werden, um Platz für die bis dahin im Freien abgestellten Arbeitsfahrzeuge zu schaffen.

Da gleichzeitig mit Verlegung der Linie 4 auch die Linie 1 von der Okenstraße (früher Roßgäßle) zum Komturplatz verlängert wurde, sah das Linienschema im Sommer 1928 wie folgt aus:

Linie 1: Komturplatz – Lorettostraße

Linie 2: Zähringen – Günterstal

Linie 3: Hohenzollernplatz – Schiff

Linie 4: Güterbahnhof (Komturplatz) – Littenweiler

Linie 5: Herdern – Haslach

Linie 6: Schwabentorbrücke – Goethestraße

Die Entwicklung des Straßenbahnnetzes war damit zunächst – bis zur Eröffnung der Stadtbahn in den achtziger Jahren – abgeschlossen. Die 1929 einsetzende Weltwirtschaftskrise hätte ohnehin weitere Ausbauten unmöglich gemacht. Nach dem Zusammenbruch der New Yorker Börse Ende 1929 zogen ausländische Geldgeber zunehmend ihre Kredite aus Deutschland ab. Investitionsrückgänge, Produktionsstillegungen und Massenarbeitslosigkeit waren die Folge. Zahlreiche Straßenbahnbetriebe, unter anderem in Kaiserslautern, Bad Homburg, Schleswig und Weimar mußten ihren Verkehr damals ganz einstellen.

In Freiburg fiel den Krisenjahren zunächst die Verlängerung der Linie 2 in Günterstal zum Opfer. Die verschiedenen Bahnprojekte zur Erschließung des Schauinslands, die vor dem Ersten Weltkrieg diskutiert worden waren, hatten sich nach dessen Ende endgültig zerschlagen. Die Stadtverwaltung entschloß sich daraufhin zum Bau einer Seilschwebebahn auf den Freiburger Hausberg. Diese erste Großkabinenseilbahn der Welt, deren Eröffnung am 17. Juli 1930 gefeiert werden konnte, hatte ihre Talstation allerdings vier Kilometer von der Günterstaler Endhaltestelle der Straßenbahn entfernt. Nachdem der Ortsverein Günterstal schon länger eine Verlängerung der Linie 2 bis in die Ortsmitte gefordert hatte, plante die Direktion jetzt als Zubringerdienst zum Schauinsland eine Fortführung der Strecke bis zur Talstation. Die Projektstudie, vorgelegt im Oktober 1930, sah eine Trassenführung teils auf, teils neben der Schauinslandstraße mit einer Wendeschleife vor dem Stationsgebäude der Schauinslandbahn vor.

Betrieblich war ein Beiwagenverkehr bis Günterstal und eine alleinige Weiterfahrt des Motorwagens zur Talstation geplant. Bei einem 10-Minuten-Betrieb hätte das eine Kapazität von 300 Personen pro Stunde ergeben – was genau den Beförderungsleistungen der Seilbahn entsprach. Die Wirtschaftskrise verhinderte jedoch auch den zweiten Anlauf, der die Linie 2 zur tatsächlichen Schwarzwaldlinie gemacht hätte. Der Preis für die Streckenverlängerung, eine neue Wagenhalle in Günterstal und fünf neue Triebwagen erschien dem Stadtrat „für Einrichtungen, die nur an wenigen Tagen ausgenutzt werden können", zu hoch. Eine Omnibuslinie übernahm darauf hin den Zubringerdienst.

1931 verschärfte sich die wirtschaftliche Lage so stark, daß gravierende Betriebseinschränkungen drohten. Der Druckereibesitzer Eduard Poppen, zugleich Verleger der *Freiburger Zeitung,* schlug der Direktion daraufhin in einem offenen Brief („Das Ei des Kolumbus") die Einrichtung einer innerstädtischen Ringlinie vor. Diese Linie mit der Form einer großen Acht sollte von der Urachstraße über den Wiehrebahnhof zur Schwabentorbrücke führen, durch die Salz- und die Bertoldsstraße den Hauptbahnhof ansteuern und über Siegesdenkmal, Bertoldsbrunnen und Johanneskirchplatz zur Urachstraße zurückführen. Damit sei der innere Stadtverkehr auch dann gesichert, wenn die Wagenfolge auf den Außenlinien zusammengestrichen werden müßte, schrieb Poppen.

Die Direktion aber sah keine Möglichkeit, seinen Vorschlag zu verwirklichen, da entsprechende Gleisanlagen an der Einmündung der Friedrichstraße in die Kaiserstraße fehlten. Sie vermutete außerdem hinter dem Projekt nur einen der „üblichen Vorschläge Poppens, der Linie 6 zu einem durchlaufenden Betrieb nach der Stadt und dem Hauptbahnhof zu verhelfen." Tatsächlich versuchte Poppen das seit Jahren. Immer wieder erschienen in seiner *Freiburger Zeitung* Kleinanzeigen mit dem Wortlaut: „Wann fährt der elektrische Bahnwagen endlich wieder von der Goethestraße nach dem Hauptbahnhof, wie dies in Friedenszeiten der Fall war? Die Städtische Straßenbahn ist Allgemeingut; sie muß deshalb als einheitliches Ganzes gewertet werden. Wo ein Wille ist, ist auch ein Weg!" Wenige Jahre später wurde die Pendellinie trotzdem zugunsten einer Omnibuslinie ganz aufgegeben.

Hauptgrund für die Stillegung war jedoch nicht die geringe Fahrgastzahl (wegen der Exklusivität der wenigen Reisenden wurden die Wagen der Linie 6 mittlerweile schon als Freiburger „Rheingold" verspottet) als vielmehr die Verlegung der Höllentalbahn. Seit 1913 hatte die Staatsbahn am Ersatz der alten Höllentalstrecke gebaut, die nach Überquerung der Dreisam ebenerdig durch Freiburg führte und bis zum Wiehrebahnhof zahlreiche Straßen – darunter die Günterstalstraße mit der Straßenbahnlinie 2 – kreuzte. Die neue Strecke umfuhr die südlichen Stadtteile in einem großen Bogen und durchquerte Lorettoberg und Sternwald in zwei Tunnels. Mit Inbetriebnahme der neuen Trasse (die kurioserweise am Hauptbahnhof bei Kilometer –1,7 begann; die Staatsbahn hatte die alte Kilometerzählung beibehalten, obwohl die neue Strecke etwas länger war) wurde am 8. November 1934 auch der alte Wiehrebahnhof an der Urachstraße geschlossen. Die Linie 6, die die Station an die Stadt angebunden hatte, war damit ihre Hauptaufgabe los, nachdem das kurze Streckenstück zwischen Loretto- und Goethestraße schon am 15. Oktober 1931 aufgegeben worden war. Im Sommer 1935, als zwischen Frankfurt und Darmstadt gerade Deutschlands erste Autobahn eröffnet wurde, übernahm die neue Omnibuslinie A (Schwabentorbrücke – Merzhauser Straße) auch die Verkehrsbedienung zwischen der Schwabentorbrücke, dem neuen Wiehrebahnhof und der Lorettostraße. Die Gleise der stillgelegten Strecke blieben jedoch für Betriebsfahrten der Linien 3 und 4 zum Depot in der Urachstraße liegen, bei denen auch Fahrgäste mitgenommen wurden.

Freiburgs Straßenbahn besaß mittlerweile sieben Omnibusse, zwei von MAN und fünf von Daimler-Benz, die vier mit Buchstaben und Farben gekennzeichnete Linien bediente:

Linie A: Schwabentorbrücke – Merzhauser Straße
(weiße Schilder)

Linie B: Danziger Freiheit – Haslach
(blaue Schilder)

Linie C: Danziger Freiheit – St. Georgen
(gelbe Schilder)

Linie D: Betzenhausen – Hohenzollernplatz
(rote Schildler)

Bis 1939 mußten noch weitere acht Busse für den steigenden Verkehr gekauft werden. MAN lieferte davon zwei Fahrzeuge, Daimler-Benz und Magirus je drei.

Die Freiburger Straßenbahn war mittlerweile ein fester Bestandteil der nationalsozialistischen Volksgemeinschaft geworden. Triebwagen 13 drehte – vollgeklebt mit Werbeplakaten – Reklamerunden für den Führer durch die Stadt. Der Johanneskirchplatz war zur „Danziger Freiheit" geworden, die Kaiserstraße zur „Adolf-Hitler-Straße". Die Leistungen des Verkehrsbetriebes wurden in mitreißenden großen Lettern von der Tagespresse gelobt: „Großartige Leistung unserer Freiburger Straßenbahn zu Pfingsten", „Noch nie erreichte Messebilanz: 400 000 Personen von der Straßenbahn befördert", „Städtische Straßenbahn holt auf" oder „Rekord der Freiburger Straßenbahn". Tatsächlich stand die Straßenbahn im Konkurrenzkampf der Verkehrsmittel noch mit weitem Abstand an erster Stelle. 1935 wurden im Deutschen Reich 400 Millionen Fahrgäste von Omnibussen und 1000 Millionen von der Reichsbahn befördert, aber 2600 Millionen von den Straßenbahnbetrieben.

In Freiburg waren im gleichen Jahr 9,4 Millionen Fahrgäste auf den fünf Linien gezählt worden. Den *Freiburger Stadtanzeiger* veranlaßte das am 21. März 1936 zu der Schlagzeile: „Die Freiburger fahren gern Straßenbahn". Das Blatt rechnete den Bürgern vor, daß die Freiburger Straßenbahnwagen achtmal am Tag die Strecke Freiburg–Berlin zurücklegten und daß sieben von zehn Freiburgern einmal am Tag mit der Straßenbahn fuhren. Damit lag die Breisgaustadt, die mittlerweile 103 200 Einwohner zählte, im Vergleich mit anderen Großstädten deutlich an der Spitze. Auch in den folgenden Jahren stiegen die Beförderungszahlen weiter an. Im Betriebsjahr 1937/38 zählte die Direktion schon fast 9,8 Millionen Fahrgäste. Die Einnahmen beliefen sich auf rund 1,5 Milliarden Mark, die Ausgaben jedoch auf mehr als 1,7 Milliarden Mark. Zum 1. Mai 1937 mußten deshalb die Spätwagen aus dem Fahrplan gestrichen werden, die seit 1935 am frühen Sonntagmorgen um

Auch Magirus-Deutz gehörte zu den ersten Lieferanten von Omnibussen für die Freiburger Straßenbahn. 1934 bzw. 1936 wurden drei Busse des Typs M 30 in Dienst gestellt

Unterwegs nach St. Georgen. Der Bus erreicht gerade das heutige Gasthaus Schönbergblick an der Ecke Feldbergstraße/Basler Landstraße

0.30 Uhr und 1 Uhr die letzten Abendbummler aufgesammelt hatten. Obwohl die Fahrgäste des „Lumpensammlers" den doppelten Fahrpreis bezahlen mußten, waren die Spätwagen ein Zuschußgeschäft geblieben.

Daß noch einmal eine Straßenbahn durch die Wiehre fahren sollte, hätte bei der Einstellung von 1935 wohl keiner der Einwohner vermutet, die vergeblich gegen die Stillegung ihrer Straßenbahnlinie protestierten. Doch schon knapp sechs Jahre später, am 12. Februar 1940, sollte es soweit sein – wenn auch aufgrund einer fatalen Entwicklung. Am 1. September 1939 hatte mit dem deutschen Angriff auf Polen der zweite Weltkrieg begonnen. Für die Freiburger Straßenbahn brachte er ähnliche Schwierigkeiten wie in den Jahren 1914–1918, aber in deutlich verschärfter Form. Bereits drei Tage vor Kriegsbeginn mußte der Fahrplan wegen Treibstoffmangels deutlich ausgedünnt werden. Die Straßenbahnlinien 1/2 und 3/4 wurden zusammengelegt, einzelne Omnibuslinien ersatzlos gestrichen. Am 28. August trat auf den Straßenbahn- und Omnibuslinien ein eingeschränkter Fahrplan in Kraft. Die Tram verkehrte auf den beiden Hauptstrecken nur noch alle zehn Minuten, zwischen Haslach und Herdern im 20 Minuten-Takt. Betriebsbeginn war um sechs Uhr morgens, schon um halb zehn Uhr abends rollte die letzte Bahn ins Depot. Von den Buslinien blieben zunächst nur die Strecken nach St. Georgen und zur Siedlung Haslach unverändert in Betrieb, nach Betzenhausen zum Beispiel fuhren die Busse nur noch einmal pro Stunde.

Vor allem auf den Buslinien mußte der Fahrplan auch in den folgenden Jahren – bedingt durch Reifenmangel und die Requirierung von Bussen für Kriegszwecke – weiter eingeschränkt werden. So wurde die Linie A im Februar 1940 gänzlich gestrichen, aber auch die als Ersatz wieder auferstandene Straßenbahnlinie 6 überlebte nur bis 1943. Als der Krieg in seine entscheidende Phase trat, verkehrten die Freiburger Omnibusse gerade noch sieben Stunden am Tag, um zumindest die Berufstätigen zu befördern. Außerhalb der Verkehrsspitzen und sonntags wurden die Busse abgestellt.

Wie schon im ersten Weltkrieg mußten weniger Fahrer und Fahrzeuge mehr Passagiere befördern. Trotz des dauernden Einsatzes von außerplanmäßigen E-Wagen und der Einführung des Beiwagenverkehrs auf der Linie 3 war aber die Kapazität auf den Hauptlinien bei weitem nicht ausreichend, um den Ansturm auf die Kurswagen zu bewältigen. „Zuviel für die Straßenbahn. An der Grenze der Leistungsfähigkeit!" schrieb der *Alemanne,* das „Kampfblatt der Nationalsozialisten Oberbadens"am 25. August 1943. Immerhin waren fast die Hälfte des Triebwagenbestandes die alten Motorwagen 1–27 mit geringem Fassungsvermögen; außerdem gab es in Freiburg gerade 17 Beiwagen. Um den Verkehr mit den überfüllten Fahrzeugen flüssiger zu gestalten, strich die Stadtverwaltung bis 1943 insgesamt 43 von 101 Haltestellen.

1943 lieferte die Firma Kässbohrer für die ebenfalls hoffnungslos überlasteten Buslinien zwei Anhänger mit je 24 Sitz- und drei Stehplätzen, denen später noch ein drittes Exemplar mit größerem Fassungsvermögen folgte. Gleichzeitig wurden die Omnibusse aufgrund neuer Richtlinien des Verbundes Deutscher Kraftverkehrsgesellschaften nach und nach auf unverdichtetes Stadtgas umgestellt. Insgesamt sieben Busse erhielten dafür spezielle Dachaufbauten. In der Kirchstraße entstand für die Linien B und C eine spezielle Gastankstelle, die Busse der anderen Linien wurden an der Lorettostraße und am Hohenzollernplatz „betankt". Das eigentliche Problem, der akute Treibstoffmangel, ließ sich aber auch mit solchen kosmetischen Eingriffen auf Dauer nicht lösen.

Die Stadtverwaltung ging deshalb 1943 mit Hochdruck an die Planung zweier O-Buslinien nach Haslach und St. Georgen. Sie griff damit ein altes Projekt aus der Vorkriegszeit auf, als für kurze Zeit die teilweise Umstellung des Straßenbahnbetriebes auf elektrischen Busverkehr erwogen worden war. Auch die Berliner Siemens-Schuckert-Werke hatten Anfang der dreißiger Jahre schon einmal eine O-Buslinie von Zähringen nach Emmendingen mit einer Zweigstrecke nach Waldkirch vorgeschlagen, weil dem Stadtrat eine Verlängerung der Linie 2 über Zähringen hinaus unwirtschaftlich erschien. Am 1. August 1944 begannen städtische Arbeiter mit dem Setzen der Oberleitungsmasten. Als bereits 73 Schleuderbeton- und 268 Holzmasten aufgestellt waren, setzten die beginnenden schweren Bombenangriffe dem Vorhaben ein Ende. Ob die O-Buslinien ansonsten, wie geplant, ihren Betrieb Ende 1944 hätten aufnehmen können, ist fraglich. Denn außer ein paar Rollen Abspanndraht kamen die bei Siemens & Schuckert in Berlin bestellten Oberleitungsteile nie in Freiburg an. Auch die sechs bei der „Omnibus Bedarfs GmbH“ bestellten Busse (Kässbohrer/Daimler-Benz) erreichten nie ihr Ziel.

Am Abend des 27. November 1944 legte ein britischer Luftangriff, dem über 3000 Menschenleben zum Opfer fielen, große Teile von Freiburg in Schutt und Asche. Als der Fliegereinsatz gegen acht Uhr begann, waren vor allem auf den Linien 3 und 4 noch mehrere Straßenbahnzüge unterwegs. Zwei von ihnen wurden dabei total zerstört: Triebwagen 53 und Beiwagen 110 verbrannten vor dem Stadttheater, Motorwagen 44 und Beiwagen 107 wurden vor dem Hauptbahnhof getroffen und einige Wochen später an Ort und Stelle demontiert. Triebwagen 1 war zu jener Stunde auf dem Gleislagerplatz an der Kaiserstuhlstraße abgestellt. Er wurde durch den Luftdruck in die Höhe geschleudert und beim Aufprall total zerschmettert. Die Schreckensbilanz jener Nacht verzeichnete als Totalverlust außerdem den im Seitenanbau der Wagenhalle Komturstraße abgestellten Motorwagen 7.

26 weitere Fahrzeuge waren schwer beschädigt, der gesamte übrige Wagenpark mehr oder weniger stark in Mitleidenschaft gezogen worden. Nur noch zwei Drittel des Fahrzeugparks standen für den Einsatz auf den unbeschädigten Teilen des Straßenbahnnetzes bereit. Das Gleisnetz war auf einer Länge von 900 Metern zerstört, die Oberleitung zu mehr als 50 Prozent. Nur die Abschnitte Holzmarktplatz–Günterstal und Oberlinden–Littenweiler blieben in Betrieb. Um wenigstens einen Notbetrieb auf den Hauptlinien einrichten zu können, demontierten Streckenarbeiter auf den Nebenlinien 5 und 6 die noch intakten Fahrleitungsteile.

Nach dem Einmarsch französischer Truppen blieben die Straßenbahnen ab dem 15. April 1945 in den Wagenhallen stehen, der Betrieb ruhte vollständig. Wie es weitergehen sollte, war zunächst einmal völlig offen.

Auch die Straßenbahn wurde in das faschistische System einbezogen. „Volksgenossen gebt unaufgefordert“ prangte in großen Lettern auf dem Straßenbahnwagen

Die Freiburger Straßenbahn

Hinter den Kulissen

Als im Jahre 1901 mit Vollendung des Elektrizitätswerkes die elektrische Straßenbahn in Betrieb genommen wurde, herrschte in der Stadt Freiburg allgemeine Freude darüber, daß sie nun auch ein modernes Verkehrsmittel erhalten hat; denn die Pferdebahn hatte sich trotz der sorgsamen Betreuung durch „Vater Jenne" für eine so rasch in der Entwicklung begriffenen Fremden- und Rentnerstadt überlebt. Jahrzehnte sind seitdem dahingegangen, und man hat sich so an „die Elektrische" gewöhnt, als ob es nie anders gewesen wäre. Man schimpft zwar hin und wieder einmal, „wenn's pressiert", und „sie kommt halt immer noch nit", oder wenn sie einem vor der Nase wegfährt, als ob sie daran schuld wäre, aber missen möchte sie trotzdem niemand mehr. Nun werden wohl die wenigsten Fahrgäste eine Ahnung von all dem haben, was sozusagen hinter den Kulissen vor sich geht, insbesondere

von der Arbeit in den Depots,

die aber ebenso wichtig ist, wie die zu einem sicheren Betrieb nötige außerhalb derselben; ja, jene bildet sogar die Voraussetzung für einen störungslosen Verkehr tagsüber auf den Gleisen.

Was zunächst den Dienst der Wagenführer und Schaffner betrifft — mit Einschluß des Autopersonals sind es deren 148 —, so bleibt jeder achtzehn Tage lang in dieser Dienstart tätig, dann werden die Rollen für dieselbe Zeit getauscht. Der tägliche Dienst beträgt 8½ Stunden und wird durch eine Pause von im ganzen 3 bis 5 Stunden unterbrochen; er ist eingeteilt in Frühdienst (5 Uhr morgens bis 7 Uhr abends, so 2 bis 3 Tage lang), in Mitteldienst (9 bis 9 Uhr, 1 bis 2 Tage lang) und in Spätdienst (9 bis ½1 Uhr nachts, 1 bis 2 Tage lang), der sechste Tag ist dienstfrei, dann wird mit dem Spätdienst begonnen. Der Wagenführer trägt

die Verantwortung der Führung des Wagens und der Einhaltung der vorgeschriebenen Zeit, der Schaffner bedient die Fahrgäste und erteilt Auskunft.

Daß die Freiburger Schaffner und Wagenführer sich dem fahrenden Publikum gegenüber höflich und zuvorkommend benehmen, ist wiederholt auch von Fremden gerühmt und in der Freiburger Zeitung berichtet worden. Wir registrieren dies gern noch einmal. Wie der Dienst an die Schaffner und Wagenführer große Anforderungen stellt, wozu bei den meisten noch kommt, daß sie von und nach der Wohnung weite Strecken zu Fuß oder mit dem Rad zurückzulegen haben, so auch

an die Belegschaft, an die Arbeiter,

die die kleinen und großen Reparaturen besorgen. Aber freudig und willig verrichten sie ihre Arbeit, was auch einmal öffentlich anerkannt sei. Ein heller, luftiger Aufenthaltsraum, mit Bänken und Tischen und Spinden zum Aufbewahren von Kleidern ausgerüstet, steht ihnen zur Verfügung, ebenso ein Wasch- und Baderaum mit Duschen. Diese, sowie das Werkmeisterbüro und das Magazin, in dem sämtliche Materialien untergebracht sind, befinden sich in einem Anbau des Verwaltungsgebäudes.

Die Freiburger elektrische Straßenbahn besitzt 61 Motorwagen, von denen die alten (Nr. 1 bis 27) teils dem Pendelverkehr dienen, teils auf der Linie 6 (Schwabentorbrücke—Lorettostraße) laufen, ferner 17 Anhängerwagen und 7 Autoomnibusse (für die Strecken nach Betzenhausen, Haslach und St. Georgen). Bei normalem Verkehr laufen täglich 26 Kurswagen und 8 bis 9 Anhänger, bei Großbetrieb werden alle Wagen in Dienst gestellt. Untergebracht sind die Autos und die Mehrzahl der Wagen in dem älteren, größeren Depot in der Urachstraße, das aus zwei Hallen und elf Gleisen besteht, der übrige Teil in der kleineren, erst vor wenigen Jahren erbauten Halle in der Eichstetterstraße.

Die Arbeit an den „laufenden Wagen" wird nachts getätigt, sie setzt ein, sobald diese ihr Tagewerk vollbracht haben und in die Wagenhalle eingefahren sind. Von 9 Uhr abends ab wird es auf den Strecken draußen leerer, wenn der Tagbetrieb **in den Nachtbetrieb (also z. B. der 6-Minuten- in den 10 Minutenbetrieb auf den Hauptstrecken)** übergegangen ist. **Die Depots füllen sich dann mit den zurückgekehrten Wagen.** In langen Reihen stehen die Wagen nun in den Hallen, die Hebel der Fahrschalterwalze werden abgenommen und die Schilder abgehängt, Führer und Schaffner verlassen ihre Wirkungsstätte. Erstere tragen in das Wagenbuch, das in der Halle auf einem kleinen Holzpult aufliegt, unter Angabe ihrer Namen, der Wagenart und -nummer, Strecke und des Kurses alle kleineren Schäden ein, die sich auf der Fahrt an den Wagen zugetragen haben, z. B. Fensterwischer nachsehen, Wagentür hält nicht, Bremsklotz befestigen u. a. In dem Revisionsbuch, das im Besitze des Werkmeisters ist, werden diejenigen Wagen verzeichnet, die größere Schäden erlitten haben, und solche, die nach dem Durchlauf von 150 000 Kilometer zur Hauptrevision gelangen.

Die Schaffner begeben sich nach Dienstschluß

ins Abrechnungszimmer im Verwaltungsgebäude,

wo zunächst der Fahrtbericht abgeschlossen wird.

Das Straßenbahndepot an der Urachstraße

Jeder Schaffner erhält bei Dienstantritt seinen eigenen **Fahrtbericht**, in den sein und des Wagenführers Name, die Nummern der Mortor- und Anhängerwagen, der Kurs, sowie Serie und Stückzahl der Fahrscheine und Fahrscheinhefte einzutragen sind. Am Endpunkt jeder Fahrt stellt er fest, wieviel von diesen verkauft wurden, und abends nach der letzten Fahrt rechnet er dann ab. Dies geschieht dadurch, daß die Stückzahl der verkauften Fahrscheine bzw. Fahrscheinhefte nach Arten gesondert, die entsprechende Geldsumme und schließlich der gesamte zur Ablieferung gelangende Geldbetrag vermerkt wird. Auf einem besonderen Zettel werden die **Geldsorten** nach Stückzahl aufgeschrieben, alsdann samt Fahrtbericht und Bargeld in eine Kassette, die die Nummer des Schaffners trägt, gelegt, dem aus lauter Einzelkassetten bestehenden „Wandschrank" eingefügt und abgeschlossen. Der Kassenverwalter unterzieht alles einer Kontrolle, und zwar ohne Anwesenheit der Schaffner, wodurch eine Verzögerung und unnötiges Warten vermieden wird: denn nach getaner Arbeit ist jeder Schaffner froh, möglichst rasch den Heimweg einschlagen zu können. Bei Differenzen — auch Schaffner können sich einmal verzählen, wird dies auf dem „Geldsortenzettel" und Fahrtbericht unter „zu wenig" oder „zu viel" vermerkt und andern Tages der Schaffner davon unterrichtet. Zur Ergänzung der Fahrscheinblocks dient ein „Forderungszettel", auf dem die Anzahl der empfangenen Fahrscheine und -hefte, sowie Serie und Nummern derselben bestätigt werden. Jeder Schaffner versorgt sich mit Fahrscheinblocks für etwa eine Woche.

Während Wagenführer und Schaffner ihrer letzten Pflicht nach des Tages mühsamer Arbeit genügen, haben bereits fleißige Hände den

Dienst am Wagen

aufgenommen; die Teppiche werden hochgeschlagen, der Boden ausgefegt, die Fahrscheinkasten entleert, die Scheiben geputzt und das Aeußere von Staub und Schmutz befreit. Die Schlosser sehen die Sandstreuer nach und füllen sie auf; denn sie und die Sandbremsen gehören zu den wichtigsten Sicherungsmitteln des Verkehrs. Das Streuen von Sand erfolgt vor allem dann, wenn der Wagen möglichst rasch zum Halten gebracht werden soll (bei Unfällen u. dgl.), und im Herbst, wenn durch Laubfall die Schienen überdeckt und glitschig geworden und die Räder dadurch ins Rutschen kommen. Auch die Fahrgestelle werden täglich nachgeprüft, was von dem Laufgang aus geschieht, der sich zwischen den Schienen in der Wagenhalle befindet, die Bremsklötze angezogen, die Lager und Motore untersucht und geölt. Sind größere Reparaturen notwendig, so wird der Wagen auf ein besonderes Gleis, das **Revisionsgleis**, geschoben, wo er bis zu seiner völligen Herstellung verbleibt. Bei unserem Besuch im Depot war gerade ein „Schwerverletzter" ins „Krankenrevier" eingeliefert worden, der durch Zusammenstoß mit einem Lastwagen „ohnmächtig" geworden war. „Behandlung und Arztkosten" fallen natürlich dem „Schuldigen" zur Last. Die Reparatur erfolgt in der Weise, daß der Wagen mit vier Windböcken und zwei Querschienen hochgehoben wird, so daß das Untergestell bequem vorgezogen und die Arbeit leicht ausgeführt werden kann. Bei dieser „Revision" werden die Wagen in allen ihren Teilen „überholt", was längere Zeit beansprucht. Deshalb werden derlei Arbeiten bei Tag ausgeführt. Für sie sind besondere Werkstätten vorhanden, eine Schmiede, eine Ankerwickelei, ein Lackierraum, eine Sattlerei, Schreinerei und Blechnerei und eine Werkzeugschlosserei. Ueber alle diese Revisionsarbeiten wird Buch geführt; jeder Wagen hat seine „Stammrolle", die von der „Geburt" bis zum „Tode" genau Auskunft gibt.

Etwaige **Brandfälle** in von der Elektrischen benützten Straßen meldet die Feuerzentrale sofort dem Depot der Straßenbahn, damit

der Branddienst in Tätigkeit treten kann.

Es steht hierzu ein Turmwagen (Auto) mit drehbarem Turm, Leiter und den nötigen Werkzeugen stets parat. Schlosser begeben sich mit ihm an die Brandstätte, machen die betreffenden Teilstrecken der Oberleitungen, die bekanntlich in gewissen Abständen an den Häusern befestigt sind, stromlos, um alle Gefahren abzuwenden, denen sowohl die Leitung durch Durchbrennen der Halter wie auch die Feuerwehrleute durch Berührung mit dem Leitungsdraht beim Spritzen ausgesetzt sind. Bei starkem Schneefall tritt der **Salzwagen** in Aktion.

Ein Thema für sich, meinte ein Schaffner scherzend, bilden

die fast täglich in den Straßenbahnwagen liegengebliebenen Gegenstände,

unter denen sich, zumal an Markttagen, die „unglaublichsten Dinge" befinden. Frauen sollen vergeßlicher sein als Männer, was teilweise damit begründet wird, daß sie „vor lauter Dischgeriere" ihre Habseligkeiten beim Aussteigen zurücklassen. Diese Sachen werden im **Fundbüro** (Urachstraße) aufbewahrt und, wenn sie nicht nach einer bestimmten Zeit reklamiert und abgeholt worden sind, versteigert.

Eine **Nachtkontrolle** findet von 12 Uhr alle anderthalb Stunden durch den diensttuenden Wagenwärter in den Räumen statt, wo Feuersgefahr vorhanden ist; an vier voneinander entfernt liegenden Stellen des Depots sind Kontrolluhren angebracht, die bei jedem Kontrollgang, letztmals morgens ½5 Uhr, von dem Wärter zu stechen sind.

Kaum daß die Nachtarbeiten an den Wagen beendet, erscheinen auch schon Schaffner und Wagenführer, die Frühdienst haben. 5.25 Uhr verläßt der **erste Wagen** die Halle in Richtung Zähringen, dann folgen in Abständen von 10 bis 15 Minuten andere bis 7 Uhr, um welche Stunde **Vollverkehr** bis 9 Uhr abends einsetzt. Kurz nur war die Nachtruhe der Wagen, von neuem rollen sie draußen über weite Strecken dahin und verrichten ihren „Dienst am Kunden". #

Reprint aus der Freiburger Zeitung vom 22. April 1934

Ein Wagen der Linie 5 am Siegesdenkmal

Freiburg baut auf

Noch während der behördlich verordneten Betriebsruhe des öffentlichen Nahverkehrs, die bis zum 26. Mai währte, begann die städtische Straßenbahn mit der Instandsetzung beschädigter Straßenbahnwagen und Omnibusse sowie mit Ausbesserungsarbeiten an den noch erhaltenen Teilstrecken Holzmarkt – Günterstal und Oberlinden – Littenweiler. Auf diesen beiden Abschnitten konnte am 26. Mai 1945 der Verkehr wieder aufgenommen werden. Zwischen 7 Uhr und 19.50 Uhr wurde ein 10-Minuten-Takt eingerichtet. Im Juni wurde mit der Aufarbeitung der Oberleitung auf dem 800 m langen Streckenstück Rennweg – Friedrich-Ebert-Platz (früher Hohenzollernplatz) und der Beseitigung der Gleisbombenschäden in der Lortzing- und Eintrachtstraße begonnen. Die Verbindung Zähringen – Friedrich-Ebert-Platz wurde am 25. Juni mit einem 12-Minuten-Verkehr wieder aufgenommen. Im Juli wurden die beschädigten Stadtgas-Tankstellen an der Johanneskirche und am Friedrich-Ebert-Platz instandgesetzt. Die Buslinie Johanniskirche – Haslach und St. Georgen wurde am 9. Juli wieder eröffnet. Die Fahrzeuge verkehrten zunächst im 30-Minuten-Takt. Es folgte dann im August der Gleisbau an der Deutschordenstraße und zwischen der Bernhardstraße und dem Siegesdenkmal. Am 4. Oktober konnte bereits der durchgehende Betrieb auf den Linien 1/2 Zähringen – Günterstal eröffnet werden. Nach der sukzessiven Inbetriebnahme der Linien 3/4 konnte hier der durchgehende Verkehr Littenweiler – Komturplatz im Februar 1946 wieder aufgenommen werden. Inzwischen war die Omnibuslinie Friedrich-Ebert- Platz – Mooswaldsiedlung – Betzenhausen (Ringverkehr) im 30-Minuten-Takt morgens, mittags und abends eröffnet worden. Nach Instandsetzung der schwer beschädigten Strecke Engelbergerstraße – Stühlingerbrücke und Aufhängung des Fahrdrahtes konnten die Teilstrecken Haslach – Stühlingerbrücke und Siegesdenkmal – Herdern der Linie 5 und die Linie 6 Lorettostraße – Schwabentor wieder befahren werden. Trotz des schweren Notstandes bei der Beschaffung von Reifen konnte die Buslinie Günterstalerstraße – Merzhausen am 15. November 1946 wieder ihren Betrieb aufnehmen. Im April 1947 wurde die Stühlingerbrücke fertiggestellt. Damit konnten mit Ausnahme der Strecke durch die Friedrichstraße bis Mitte 1947 wieder sämtliche Straßenbahn- und Buslinien befahren werden.

Nach der Rückkehr der Einwohner in das engere Stadtgebiet von Freiburg stiegen die Fahrgastzahlen in bisher unbekanntem Maße an. Besonders in den Hauptverkehrszeiten drückten sich die Fahrgäste in den hoffnungslos überfüllten Fahrzeugen. Trittbretter, Rampen und Kupplungen waren belagert, die Schaffner kamen in den Wagen nicht mehr vor oder zurück. Das „Schwarzfahren“ entwickelte sich zur Sportart. Ein Kommentator der Badischen Zeitung schrieb dazu am 6. September 1946: „Wer in seinem Leben einmal nach Madrid kam, kann ein Lied von den Menschentrauben an der Elektrischen erzählen. Was dem Reisenden fremdartig erscheint, bleibt in seiner Erinnerung haften, und die Menschentrauben waren uns wohlerzogenen und disziplinierten deutschen Verkehrsteilnehmern zweifellos fremdartig genug. Bis die Universalschäden des Krieges auch hier eine Wandlung brachten. Heute kennen wir die Sturzflut von Fahrgästen der Straßenbahn auch in Freiburg, mindestens zu gewissen Tageszeiten. Gewiß, der Sport, sich am Trittbrett den frischen Wind um die Nase wehen zu lassen, hat etwas verlockendes. Am Ende des Schlußwagens auf der äußeren Standgelegenheit zu balancieren, erscheint einigermaßen gefahrlos, und wer den bösen Willen haben sollte, ‚blinder Passagier‘ zu spielen, fühlt sich hier, hinter den breiten Rücken der rechtmäßigen Fahrgäste, sogar in einiger Sicherheit. Aber, sachlich wie wir Deutsche nun einmal denken, müssen wir doch zugeben: Die Damen und Herren der Straßenbahn und erst recht der Polizei können das humorvolle Verständnis für derartigen Sport nicht leicht aufbringen. Das ist mir peinlich zum Bewußtsein gekommen, als ich neulich, mich

Möbel - Weber

Arbeitswagen
20

Freiburg in Trümmern. Links oben ein Blick auf die Kreuzung am Siegesdenkmal, oben eine Aufnahme vom Bertoldsbrunnen. Rekorde an Fahrgastzahlen und Schwarzfahrern gab es zu vermelden. Platzmangel machte den Bau einer neuen Wagenhalle notwendig (unten links). Im November 1948 wurde mit den Arbeiten an der Halle III in der Komturstraße begonnen, im April 1950 konnten die ersten Wagen einfahren (unten)

ohne böse Absicht zur bereits vorhandenen Menschentraube gesellend, den Unmut des Polizisten erweckte, herabsteigen und meinen Namen samt Straße und Hausnummer aufschreiben lassen mußte."

Neben der Beförderung von Fahrgästen diente die Straßenbahn in dieser Zeit auch noch anderen Aufgaben: Dem Füllen des Stadtsäckels. Gerade nach der Währungsumstellung dienten die Einnahmen aus dem Nahverkehr den Ausgaben der Stadtverwaltung auf anderen Gebieten. Je finanziell fördernder dieser Betrieb für die Stadtfinanzen wurde, um so größer wurde die Aufmerksamkeit für die Pflege dieses wichtigen, der Öffentlichkeit dienenden Betriebes, um nicht der Versuchung zu verfallen, so der damalige Direktor Bachert, die „Kuh übermässig zu melken". In den Stadtratssitzungen wurde keine Gelegenheit verpaßt, darauf aufmerksam zu machen, welche Erfordernisse bei der weiteren Entwicklung der Straßenbahn für die sich aufbauende Großstadt beachtet werden müssen. Im gesamten Wiederaufbauplan der Stadt spielte die Straßenbahn als wichtigtes Verkehrsmittel eine große Rolle – Straßenbreite, Linienführung, bis hin zur Existenzfrage und Prüfung der Frage nach Einrichtung anderer Verkehrsmittel wie Oberleitungsbus oder Gyrobus (hier handelt es sich um Busse, bei denen ein eingebautes riesiges Schwungrad an den Endstellen mit elektrischer Energie aufgeladen wird und dieses dann bei der anschließenden Fahrt zum Antrieb des Motors diente, wobei es sich wieder entlädt).

In dieser Zeit wirkte sich der Wagenmangel katastrophal aus. Selbst die ältesten Fahrzeuge kamen mit Anhänger auf den Hauptlinien 2 und 4 zum Einsatz. Durch zahlreiche Zusammenstöße wurde die Situation noch weiter verschärft. Die Arbeitskräfte in den Werkstätten waren kaum mehr in der Lage, den laufenden Wagenpark zu unterhalten, geschweige denn beschädigte Fahrzeuge wieder instand zu setzen. Als weiteres Hindernis erwies sich daneben noch immer die Materialknappheit. Dies änderte sich mit der Währungsreform am 21. Juni 1948. Bald waren die so dringend benötigten Ersatzteile im wesentlichen wieder erhältlich, so daß man auch an die Reparatur der seit dem Fliegerangriff abgestellten oder durch Motorschäden ausgefallenen Wagen vornehmen konnte.

„Bei schwierigster Kassenlage haben sich Stadtrat und Stadtverwaltung entschlossen, moderne große Omnibusse anzuschaffen, um den Peripherie-Verkehr sicherzustellen", so ein Bericht von Direktor Bachert vom Juli 1948. „Wenn die Maffei-Wagen erst in Freiburg i. Br. sein werden (1 Wagen wird im Laufe des Oktobers, 1 weiterer Wagen im Laufe des Dezembers erwartet), dann wird schon ein großzügigerer Verkehr mit den Vororten durchgeführt werden können, nachdem auch die Reifenbeschaffung infolge der Besserung der wirtschaftlichen Verhältnisse möglich war und damit die Wiederinbetriebnahme bisher stillgelegter Omnibusse erfolgen konnte".

Nach der Grundsatzentscheidung über die Beibehaltung der Straßenbahn wurde die Modernisierung des Betriebes alsbald in Angriff genommen: Zur Erhöhung der Fahrgeschwindigkeit wurden in den vierachsigen Triebwagen 47 bis 61 jeweils zwei neue Einheitsmotoren eingebaut. Der Umbau zog sich jedoch in die Länge, so daß in den Jahren 1961 und 1962 vier Wagen noch vor dem Einbau ausgemustert wurden. In den Jahren 1948 bis 1952 erhielten die Vierachser neue Stemmann-Scherenstromabnehmer, die die alten AEG-Scherenstromabnehmer ersetzten. Diese wurden teilweise auf den Motorwagen der Reihe 1 bis 27 montiert, die bisher noch mit Lyrabügeln ausgestattet waren.

Mit Ausnahme der vor dem Krieg umgebauten Beiwagen 112 und 113 waren die Anhänger 108, 109, 111 und 114 bis 120 mit den offenen Plattformen völlig veraltet und die Aufbauten zudem morsch. Bei der Waggonfabrik Rathgeber, München, wurden auf die noch brauchbaren Fahrgestelle neue Aufbauten montiert. Hatten die alten Fahrzeuge nur ein Fassungsvermögen von 42 Personen, so stieg dieses nun auf 70. Die Trennwand zwischen Innenraum und Plattform kam in Wegfall, an ihre Stelle trat eine doppelseitige Windschutzwand. Der Plattformgrundriß glich

Zu den vordringlichsten Aufgaben der ersten Nachkriegsjahre gehörte die Wiederherstellung des Gleisnetzes. Der Einsatz von Arbeitswagen gehörte zum alltäglichen Bild. Ansturm herrschte bei der Straßenbahn, wenn es galt, am Bahnhof ankommende Besucher einer Großveranstaltung an ihr Ziel zu bringen

5
5
40

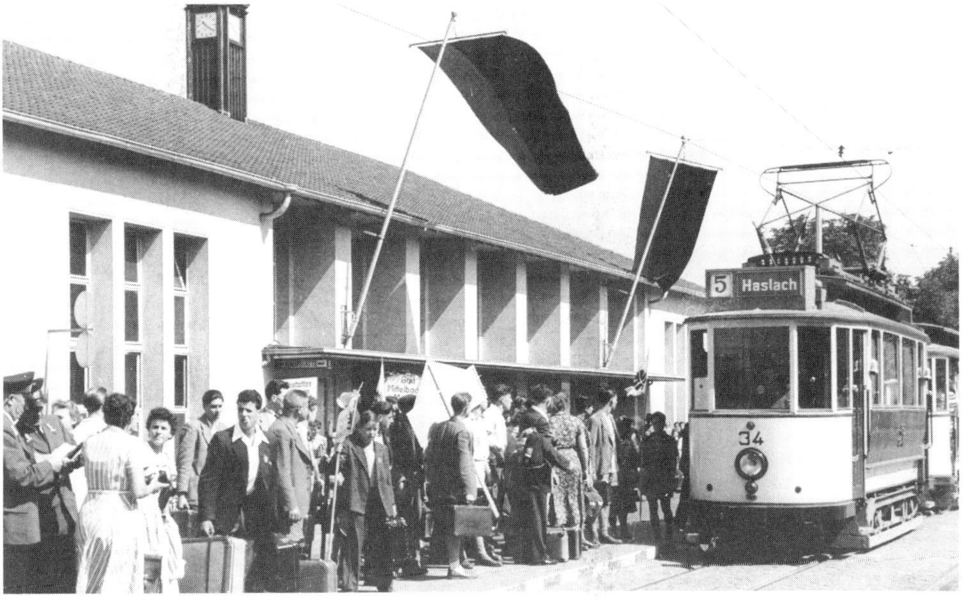
5
Haslach
34

einem Trapez mit einer breiten Stirnwand. Der Umbau der Beiwagen erfolgte in den Jahren 1949 und 1950. Am 15. April 1949 konnte nach Instandsetzung der Gleise in der Friedrichstraße auch der durchgehende Betrieb auf der Linie 5 von Herdern nach Haslach wieder aufgenommen.

Eine grundlegende Modernisierung des Straßenbahn-Fahrzeugbestandes konnte hingegen nur durch die Beschaffung neuer Wagen eingeleitet werden. 1949 wurden daher bei der Waggonfabrik Rastatt elf „Verbandstyp"- Triebwagen in zweiachsiger Ausführung bestellt. Diese Fahrzeuge stellten eine Art Standardwagen für alle Betriebe des „Verbandes Öffentlicher Verkehrsbetriebe" dar und wurden von zahlreichen Unternehmen beschafft. Größere Fahrzeuge kamen durch die engen Kurven in der Innenstadt, vor allem im Zuge der Linie 4, nicht in Betracht. Und aus Kostengründen wurde auch auf die bisher verwendete Teakholzverkleidung verzichtet.

Notwendig wurde (nicht zuletzt gerade im Interesse des Vorortverkehrs, so Direktor Bachert) der Bau einer neuen Wagenhalle. Verständlicherweise hat sich der Stadtrat dieses neue Projekt reiflich überlegt, konnte aber trotz des Willens, alle verfügbaren Mittel und Arbeitskräfte dem Wohnungsmarkt zur Verfügung zu stellen, einer Vertagung des Projektes nicht zustimmen. Im Zusammenhang mit dem Neubau wurde bereits die Gesamtverlegung des Straßenbahnbetriebes von der Urachstraße zur Komturstraße diskutiert.

„Allen Gerüchten zum Trotz soll aber weder sofort noch später eine Straßenbahnhalle zu einem Theater- oder Konzertsaal umgebaut werden", so der oben erwähnte Bericht von Direktor Bachert. „Sollte aber einst der Straßenbahnbetrieb wirklich verlegt werden, so könnten die großen Hallen in der Urachstraße etwa als Großgaragen eine ausgezeichnete wirtschaftliche Verwertung finden."

Mit der Erstellung der neuen Wagenhalle auf dem betriebseigenen Gelände an der Komturstraße sowie dem zweigleisigen Ausbau der Komturstraße wurde im November 1948 begonnen. Die Halle III konnte am 15. April 1950 eröffnet werden. Mit einer Länge von 90 m und einer Breite von 24,5 m enthält sie auf sechs Gleisen Platz für 48 Verbandstypwagen. Die Halle ist als „Durchgangshalle" geschaffen worden. Die Hallengleise werden auf der Nord- und Südseite zu je einer eingleisigen Ein- bzw. Ausfahrt vereint. Bereits einen Tag nach der Eröffnung wechselten 150 Mitarbeiter der Stadtwerke ihren Einsatzort. Im Betriebshof I an der Urachstraße waren fortan nur noch fünf Kurswagen mit 36 Mann Dienstpersonal sowie alle Autobusse verblieben. Benötigt wurde die neue Halle, da stets 20 bis 25 Wagen im Depot I während der Nacht im Freien stehen mußten. Und nachdem die neuen elf Triebwagen und einige neue Anhänger bestellt wurden, hätten die Anlagen an der Urachstraße noch weniger ausgereicht.

Von Ende 1948 bis 1950 erfolgte die Umrüstung vom Stadtgasbetrieb mit unförmigen Behältern auf Dieselbetrieb. 1948/49 konnten die ersten neuen Fahrzeuge beschafft werden. Neben den erwähnten beiden Krauss-Maffei-Bussen, die übrigens wie die Panzer über einen stinkenden und qualmenden Benzinmotor verfügten, wurden vier Büssing-Busse erworben. Sie kamen auf der Linie „C" zum Einsatz. Mit Beginn des Sommerfahrplans 1949 normalisierte sich der Busverkehr und die Linie „C" konnte wieder ganztägig verkehren: Im Tagesverkehr alle 30 Minuten, in den Verkehrsspitzen alle 12 Minuten. Zur Erweiterung der Kapazitäten wurden 1949 ebenso wie in den Jahren 1950 und 1951 jeweils zwei Omnibusanhänger beschafft.

Um für das Gebiet des 1934 eröffneten Bahnhofs im Stadtteil Wiehre einen Verkehrsanschluß zu schaffen, wurde ab 19. November 1950 die Buslinie A verlängert und bis zur Schwabentorbrücke geführt. Damit wurde die Straßenbahn-Linie 6 nicht mehr benötigt. Diesmal erfolgte die Einstellung endgültig. Bis 1959 wurde die Strecke jedoch noch als Zufahrt zur Wagenhalle I an der Urachstraße weiterhin genutzt.

1951 wurden die bestellten elf Verbandstyp-Triebwagen ausgeliefert. Sie erhielten die Wagennummern 61 bis 71. Der bisherige Wagen 61 wur-

Bis zur Inbetriebnahme des neuen Betriebshofes West waren die Busse der Freiburger Straßenbahn auf dem Gelände des Betriebshofes Komturstraße untergebracht. Unten ein Blick in die Omnibushalle

Rauchen verboten
STÄDTISCHE STRASSENBAHN

Die Freiburger Straßenbahn in den Trümmern rund um das Münster

de in 53 umnumeriert. Diese Nummer war durch die Zerstörung des alten Wagen 53 im Krieg frei geworden. Durch die neuen Fahrzeuge konnten die ältesten Wagen aus der Reihe 1 bis 27 nun aus dem täglichen Linieneinsatz herausgenommen werden. Nur vereinzelt wurden sie noch bei Sondereinsätzen benötigt. Am 1. Juli 1951 konnte die Linie 5 um 200 m von der Jakobistraße bis zum Kirchplatz in Herdern verlängert werden. Bis zur Eröffnung der Stadtbahn im Jahre 1983 war dies die letzte Netzerweiterung der Freiburger Straßenbahn. Ein Jahr später kam in der Eschholzstraße noch ein großzügiger zweigleisiger Ausbau mit Haltestellen-Inseln zur Ausführung. Die Pläne, die gesamte Strecke nach Haslach zweigleisig auszubauen, scheiterten jedoch an finanziellen Engpässen.

Da man mit den neuen Triebwagen zufrieden war, wurden nochmals drei Fahrzeuge nachbestellt. Sie wurden 1953 unter den Nummern 72 bis 74 in Dienst gestellt. Parallel wurden passende Beiwagen mit den Wagennummern 141 bis 143 beschafft. Dadurch konnte der Betrieb in beachtlichem Umfang modernisiert werden. Die kleinen Motorwagen konnten aus dem Linienbetrieb genommen werden. Ein Teil wurde zu Beiwagen umgebaut, ein Teil diente fortan als Rangier- und Arbeitswagen und zwei Wagen wurden als Reklamewagen eingesetzt.

In den Jahren 1954 bis 1961 wurde die Strecke der Linie 2 stufenweise ausgebaut und soweit wie möglich mit Haltestelleninseln versehen. An der Komturstraße wurde 1956 das bisherige Wendedreieck durch eine Schleife ersetzt. Im Frühjahr 1962 gab man die Schleife wieder auf und im November jenes Jahres durch eine neue Schleife an der Hornusstraße, die noch heute besteht. Gleichzeitig wurde die Linie 4 dorthin verlängert.

Der zunehmende Personalmangel sowie steigende Löhne und Gehälter führten auch in Freiburg zur Beschaffung von personalsparenden Großraumfahrzeugen. So kamen im November 1959 die ersten Einrichtungs-Gelenkwagen (Wagennummern 100 bis 102) zum Einsatz. Und zwar nur auf der Linie 4, da diese nach dem Bau eines Wendedreieckes in Littenweiler als einzige Linie über Wendemöglichkeiten an beiden Endstellen verfügte. Das Wendedreieck in Littenweiler wurde zur besseren Betriebsabwicklung am 21. Dezember 1964 durch eine Schleife ersetzt. Die bisher an der Emil-Gött-Straße endende Linie 3 wurde zum gleichen Zeitpunkt nach Littenweiler verlängert. Konstruktiv handelt es sich bei den von der Waggonfabrik Rastatt gebauten Fahrzeugen um zweiachsige VerbandstypTriebwagen mit „aufgesatteltem“ Nachläufer, der auf einem zweiachsigen Laufdrehgestell und dem Vorderwagen ruht. Die Schaffner erhielten in den Fahrzeugen einen festen Platz an der hintersten Tür. Statt an allen Türen war damit der Einstieg nur noch an dieser Tür gestattet. Zu der Wahl dieses Wagentyps, der bereits nicht mehr dem aktuellen technischen Stand entsprach, führten folgende Gesichtspunkte: Die neuen Fahrzeuge sollten im wesentlichen den vorhandenen Verbandstyp-Triebwagen gleichen. Wegen zu großer und zum Teil nicht durchführbarer Gleisregulierungen schieden drei- oder vierachsige Großraumwagen aus. Die Fahrzeuge sollten von ihrer Kapazität her den bisher eingesetzten Wagen entsprechen, d.h. soviele Fahrgäste befördern können wie ein zweiachsiger Triebwagen mit Anhänger. Bei Bedarf sollte ein Anhänger mitgeführt werden können. Und bei den Fahrzeugen sollte auf bewährte Einbauteile zurückgegriffen werden, die bereits in anderen Freiburger Straßenbahnwagen verwendet wurden und die damit die Werkstatt nicht unnötig belasteten. Die heute noch auf der Linie 3 eingesetzten Wagen sind 17,430 m lang und bieten 42 Sitz- und 100 Stehplätze. Wegen des für Freiburg futuristischen Aussehens der Wagen bekamen diese – in Anlehnung an den im Bestelljahr in das All geschossenen Satelliten – den Spitznamen „Sputnik“.

Rationalisierung und Modernisierung

„Die Einfügung eines großen Teils der Strecke der Linie 5 in den Verkehrsraum ist nicht mehr zweckmäßig und entspricht nicht den Anforderungen, die auf weite Sicht an eine moderne Straßenbahn gestellt werden müssen." Die schwierige Linienführung der jetzigen Strecke, die teilweise eingleisige Führung, z.T. schlechte Gleisanlagen, alte Betriebsmittel mit geringem Fassungsvermögen, sowie das „Nichtmitwachsen" im Gebiet Haslach führt dazu, daß man im Gegensatz zu den Linien 1 bis 4 diese Linie als „Torso" im Netz bezeichnen kann. Die Linie müßte erst eine moderne Straßenbahn werden: zweigleisiger Ausbau, beste Einordnung in den allgemeinen Verkehrsraum und schlanke Linienführung durch die Schwerpunkte der vorhandenen und geplanten Siedlungsgebiete (St. Georgen – Haslach – Hauptbahnhof – Herdern, mit Zwischenschleife am Hauptbahnhof, um eine den unterschiedlich belasteten Streckenästen angepaßten Wagenfolge zu ermöglichen). Diese theoretische Linie ist aber durch die Bebauung nicht mehr möglich und stößt auch bei der neuen Verkehrsplanung auf gewisse Schwierigkeiten, insbesondere bei der Kreuzung mit der Bundesstraße 3. – Dies waren einige Kernaussagen einer Stellungnahme der Stadtwerke zur „Straßenbahn-Linie 5 und weitere Entwicklung des Gesamtbetriebes". Dabei wurden mehrere Varianten mit Straßenbahn- und Busbetrieb durchgerechnet, die alle gleich ausfielen, so daß die Stadtwerke zum Ergebnis kamen: „Nach allem müssen wird die Umstellung der Linie auf Omnibus – Einmannbetrieb – vorschlagen".

Die bei der Erneuerung bzw. dem Ausbau der Linie 5 notwendigen Investitionen sollten daher besser zur Modernisierung der übrigen vier Linien verwendet werden. In dem gleichen Gutachten unterbreiteten die Stadtwerke hierzu gleich mehrere Vorschläge: Verlegung der Endschleife vom Komturplatz zur Hornusstraße, Verlängerung der Linie in Littenweiler im Zuge der Unterführung Höllentalbahn ("Eine derart kurze Strecke, nämlich die geplante Verlängerung, durch Omnibuszubringer zu bedienen, dürfte auf Dauer nicht wirtschaftlich sein und ist nicht attraktiv für die Fahrgäste. Die übersehbare Ansiedlung in dem Einzugsgebiet an der Verlängerung ist so stark, daß eine Verlängerung gegeben erscheint und möglichst bald durchgeführt werden sollte".), Verlängerung der Zähringer Strecke nach Norden und Bau einer Endschleife, Verlängerung in Günterstal zum bequemeren Umsteigen auf den Schauinsland-Zubringerbus und Bau einer Schleife am Hauptfriedhof. Realisiert wurde kurzfristig nur die Schleife Hornusstraße und nach über 20 Jahren die Verbesserung der Situation in Günterstal (wobei die in der Stellungnahme der Stadtwerke vorgeschlagene Erweiterung wesentlich über die 1982 ausgeführte Strecke hinausging).

Die vorgeschlagene Umstellung der Linie 5 erforderte natürlich eine Aufstockung des Busbestandes. Damit rückte das Problem der ungenügenden Platzverhältnisse in den vorhandenen Betriebshöfen in den Vordergrund. Die Stadtwerke zogen zwei Varianten in Betracht: Bau einer Omnibushalle auf dem vorhandenen Gelände an der Komturstraße und Neubau eines Busbetriebshofes in Zähringen. Die Untersuchung ergab, daß auf dem Gelände des Depots II lediglich 50 Busse untergestellt und gewartet werden könnten. Diese Zahl würde bei Fortfall des Bus-Anhängerbetriebes und Umstellung der Linie 5 bereits erreicht werden. Fazit: „Also zu wenig". „Das Gelände in Zähringen für den neuen Omnibusbetriebshof muß möglichst rasch für die Verkehrsbetriebe gesichert werden, da die Übergangslösung Komturplatz nur auf Zeit zu sehen ist und anderes geeignetes Gelände schon jetzt nicht gefunden werden konnte".

Die Diskussion um die Linie 5 veranlaßte die Stadtwerke zu einer generellen Stellungnahme zur Situation des öffentlichen Nahverkehrs, die auch heute noch ihre Gültigkeit hat. So war bereits Ende der 50er Jahre der Nahverkehr von zwei Seiten her in Bedrängnis geraten: auf der

Impressionen von den zweiachsigen Fahrzeugen der Verkehrs-AG. Ganz oben der Beiwagen 128 an der früheren Endstelle Günterstaler Dorfstraße. Der Triebwagen hat sich abgesetzt, umfährt den Anhänger, um sich für die Rückfahrt wieder vor diesen zu setzen. Im Bild darunter der Verbandstyp-Triebwagen 61 in Günterstal. Rechts unten passiert der Wagen 66 den Bertoldsbrunnen

Blick auf die Halle II des Betriebshofes Komturstraße Ende der dreißiger Jahre. 1950 wurde auf dem Gelände die Halle III erstellt

Die alte Schleife Komturplatz. Sie wurde 1962 aufgegeben. An ihre Stelle trat die Endschleife Hornusstraße, die einen besseren Übergang zu der Zähringer Linie bot

Das alte Gleis- und Materiallager an der Kaiserstuhlstraße. Auf dem Gelände steht heute ein Wohnhaus (oben rechts). Darunter ein Zug der Linie 1 mit dem Triebwagen 50 und einem Beiwagen aus der Reihe 126 bis 134

40

1
Lorettostr.
50
H

Mit der Beschaffung der „Sputniks“ leitete Freiburg Ende der fünfziger Jahre zaghaft die Modernisierung des Straßenbahnbetriebes ein. Die dabei verwendete Technik stammte im wesentlichen aus der Zeit zu Beginn der fünfziger Jahre. Ganz oben der Triebwagen 101 vor dem Betriebshof Komturstraße. Zwei der drei „Sputniks“ haben zwischenzeitlich die neuen Hausfarben der Straßenbahn, Rot und Weiß, erhalten. Das mittlere Foto zeigt sie an der Endschleife Hornusstraße. Unten ein Beiwagen hinter einem „Sputnik“. Der Zug fährt durch die Zähringer Straße

einen Seite führte die zunehmende Motorisierung – bei mangelndem Verkehrsraum – zu deutlich sinkenden Reisegeschwindigkeiten. Ein größerer Wageneinsatz und damit steigende Kosten waren die Folge. Auf der anderen Seite stand der Zwang zur Rationalisierung und Modernisierung: Beschaffung von Gelenkzügen, um Personal zu sparen und Ausstattung des Wagenparks dergestalt, „im Strom" des allgemeinen Autoverkehrs mitzukommen. Diese Aufgaben gingen aber über die bisher praktizierte „Eigenwirtschaftlichkeit" (Dekkung der Ausgaben durch die Fahrgeldeinnahmen) weit hinaus. Damit wollten die Stadtwerke aber nicht eine generelle Subventionierung fordern, vielmehr sollte der Nahverkehr in die Lage versetzt werden, auch in Zukunft weitgehend wirtschaftlich zu arbeiten. „Je besser nun das Verkehrsgebiet einer Stadt durch die Verkehrsbetriebe erschlossen ist, je mehr Verkehrsteilnehmer in die Verkehrsfläche sparenden großräumigen Fahrzeuge der Verkehrsbetriebe aufgenommen werden, umso tragbarer ist der Gesamtverkehr – umso geringer die Aufwendung der Stadt für den Sektor Nahverkehr". Wie sich ein völliges Fehlen des öffentlichen Verkehrsangebotes ausgewirkt hätte, zeigten bereits eindrucksvoll die Zahlen aus dem Jahre 1960: Rund 9.000 Fahrgäste passierten hochgerechnet auf eine Stunde mit den vier Straßenbahn-Linien die Kreuzung Bertoldsbrunnen. Müßten diese nun mit privaten Autos fahren, und wäre jedes Auto durchschnittlich mit 1,4 Personen besetzt, so kämen in einer Stunde zu dem vorhandenen Verkehr noch 6.000 Fahrzeuge, pro Minute 100, hinzu. Die Stadtwerke in ihrem Fazit: „Das wäre wohl der Anfang vom Ende".

1960 genehmigte der Stadtrat die Umstellung der Linie 5. Nach Umschulung des erforderlichen Personals wurde dann die Linie am 31. Dezember 1961 eingestellt. Einen Tag später übernahmen Busse den Liniendienst. Die neue Linie „H" verkehrte dabei auf derselben Strecke wird die bisherige Straßenbahn von der Herderner Kirche bis zur Haslacher Schule. Nur am Stühlinger Kirchplatz trat eine kleine Änderung ein: die Busse fuhren nun in beiden Richtungen durch die Wenzingerstraße, Wannerstraße und Eschholzstraße. Sogar die Fahrpläne blieben bestehen und mit Ausnahme der Haltestelle Lehener Straße auch alle Zwischenstationen unverändert, wenn auch die Bushaltestellen teilweise um einige Meter versetzt wurden. Für die alten Straßenbahnwagen des Baujahres 1901 schlug ultimativ die letzte Stunde.

Die von den Stadtwerken bereits in ihrem Gutachten geforderte weitere Modernisierung des Wagenbestandes setzte 1962 ein. Auch hier gingen die Freiburger andere Wege als die meisten deutschen Straßenbahnbetriebe. Gewählt wurde ein vierachsiger Gelenkwagen, der für die Stuttgarter Straßenbahnen entwickelt wurde und eine besonders hohe Kurvengängigkeit aufweist. Die Fahrzeuge sind 18,000 m lang und bieten 37 Sitz- sowie 118 Stehplätze. Im Gegensatz zu den drei 1959 gelieferten Fahrzeugen waren die neuen Wagen wieder für den Zweirichtungs-Betrieb gebaut. Der Übergang zu diesem System basierte auf folgenden Gründen: Als die drei „Sputniks" 1958 in Auftrag gegeben wurden, rechnete man in Freiburg mit einer Größe des Stadtgebietes von rund 150.000 Einwohnern. In der Zwischenzeit wurde aber deutlich, daß die Zahl deutlich über 200.000 steigen wird. Nach Einstellung der Linie 5 bestand das Straßenbahn-Netz nur noch aus zwei Durchmesser-Linien, einer Nord-Süd- und einer West-Ost-Linie. Parallel-, Verbindungs- oder Umleitungsstrecken waren nicht mehr vorhanden. Desweiteren fehlten durch die gegebene Enge und Bebauung in der Innenstadt Wendemöglichkeiten. Diese Faktoren hätten bei Betriebsstörungen zu einer völligen Betriebseinstellung geführt. Mit Zweirichtungswagen konnte aber vor den „Hindernissen" wieder gewendet werden. Sechs Wagen wurden in jenem Jahr mit den Wagennummern 103 bis 108 beschafft. Zunächst wurden die Wagen nur auf der Linie 2 eingesetzt. Sie ersetzten alle bisher nicht umgebauten Holzfahrzeuge. Fünf weitere Fahrzeuge dieses Typs (109 bis 113) folgten im Jahre 1966. Sie waren gleich für den Einmann-Betrieb ausgerüstet. Zusammen mit den umgebauten Wagen 103 bis 108 konnte dann auf den Linien 1 und 2 vollständig der Einmann-Betrieb eingeführt werden. Nach der Beschaffung von vier weiteren Fahrzeugen (115 bis 118) konnten bis Anfang 1968 die Holzvierachser 47, 51, 53 und 54 verschrottet werden. Die restlichen Altwagen wurden abgestellt.

In den 60er Jahren wurde die Strecke nach Littenweiler abschnittsweise ausgebaut: 1965 von der Bürgerwehr- zur Bleichestraße, 1966 von der

60
RIEGELER BIER ...weil's auf der Zunge zischt!
60
60

60

Sternwaldstraße zur Bürgerwehr (Anlage eines eigenen Bahnkörpers) und 1967 von der Bleichestraße zum Gasthaus Schiff. In diesem Jahr wurde auch der Abschnitt Wonnhalde – Günterstal der Linie 2 modernisiert. Im Jahre 1968 wurde bei der Technischen Aufsichtsbehörde der Antrag gestellt, die Höchstgeschwindigkeit auf den Straßenbahn-Strecken von bisher 40 km/h auf 50 km/h zu erhöhen. Nachdem dem Antrag stattgegeben wurde, erfolgte die Erhöhung der Reisegeschwindigkeit zum Winterfahrplan. Durch die schnelleren Bahnen konnte die Zahl der Umläufe verringert und die Zahl der Mitarbeiter um 18 reduziert werden.

Die romantische Freiburger Innenstadt. Ein Bus auf Sonderfahrt nimmt die Fahrgäste zur Weiterfahrt auf. Abschied von einem Straßenbahnwagen. Oben links noch im Linieneinsatz, kurze Zeit später nur noch Schrott, der 1929 gebaute Triebwagen 60

Omnibusse auf dem Vormarsch

Bis gegen Ende der 50er Jahre sah das Omnibusliniennetz noch so aus wie in den Vorkriegsjahren. Hinzu gekommen war lediglich eine Verbindung in die westlichen Stadtteile: Die Linie „A“ verband die Schwabentorbrücke mit Merzhausen (wurde jedoch am 4. Dezember 1960 wegen zu geringer Nachfrage und einsetzendem Personalmangel wieder zur alte Endstelle Lorettostraße zurückgenommen), die Linie „B“ führte von der Johanneskirche nach Haslach, die Linie „C“ von der Johanneskirche nach St. Georgen, die Linie „D“ schloß am Friedrich-Ebert-Platz in Richtung Betzenhausen an und die Linie „E“, die am 14. April 1948 aus einem Linienast der „D“ hervorging, verband den Friedrich-Ebert-Platz mit Freiburg-West. Kennzeichnend war, daß alle Linien Außenverbindungen darstellten. Weder der Hauptbahnhof noch die Innenstadt wurden von den städtischen Bussen angefahren. Für einige Monate (26. September bis 16. Dezember 1949) befuhren die Busse der Freiburger Straßenbahn auch eine Überlandlinie: Sie führte vom Rotteckplatz über Bollschweil, Staufen, Sulzburg und Müllheim nach Badenweiler. Um Linien anderer Verkehrsunternehmen keine Konkurrenz zu machen, war die „Innerortsbedienung“ zwischen Freiburg und Ehrenstetten bzw. Sulzburg und Badenweiler ausgeschlossen. Die Linie wurde zweimal täglich betrieben, der Spätkurs nahm dabei Rücksicht auf das Ende der Spielzeit im Freiburger Theater. Im Dezember übernahm dann die Deutsche Bundesbahn diese Linie.

In den nächsten Jahren setzte eine stürmische Entwicklung des Netzes ein. Am 1. Januar 1957 wurde die Linie „F“ zwischen Komturplatz und dem Industriegebiet eingerichtet. Am 1. Januar 1962 wurde die Linie „H“ eröffnet. Sie wurde bereits am 3. Juni 1962 auf vielfachen Wunsch der Fahrgäste von beiden Endstellen aus beträchtlich verlängert: in Herdern fuhren die Busse von der Kirche weiter bis zur Richard-Strauß-Straße mit den Haltestellen Neubergweg und Richard-Strauß-Straße und in Haslach wurde die Linie bis zum Rankackerweg mit den Haltestellen Brunnen, Belchenstraße und Rankackerweg erweitert. Allerdings fuhr nur jeder zweite Wagen über die Haltestelle Brunnen hinaus. Die Linie „B“ (Johanneskirche – Haslach) verkehrte ab diesem Zeitpunkt nur noch bis Haslach Schule, bediente also nicht mehr die Markgrafen- und Damaschkestraße. Am 11. November 1962 wurde im Norden der Stadt die Linie „F“ bis Wildtal verlängert. Hinzu kamen Stichfahrten zur Firma Rhodiaceta. Ein Jahr später, am 18. Juli 1963 übernahmen die Stadtwerke die Busverbindung zwischen der Straßenbahn-Endstelle Günterstal, der Talstation der Schauinslandbahn und Horben. Sie erhielt in den Fahrplänen die Bezeichnung „SB“, die Busse führten ein „S“ als Linienkennung. Bei geringem Fahrgastaufkommen auf dieser Linie setzten die Stadtwerke auch ihren beiden O 319-Kleinbusse ein. Vier Monate danach, am 1. Dezember 1963, wurde die Linie „L“ eröffnet. Sie diente der Verbindung von der Straßenbahn-Endstelle Littenweiler zum Ortsteil Kappel. Bereits am 11. Juli 1964 wurde sie bis Kappel Schule verlängert.

Am 6. Dezember 1964 kamen dann die Busse erstmals in die Innenstadt: Die Linie „B“ wurde über Bertoldsbrunnen, Siegesdenkmal bis zur Kreuzstraße verlängert und übernahm anschließend den Dienst der Linie „E“ bis Landwasser. Ab 30. Januar 1966 wurde auch die Linie „C“ bis Siegesdenkmal geführt. Zur Anbindung eines großen Supermarktes wurde am 29. September 1966 die Linie „K“ von der Schleife Hornusstraße zum Einkaufszentrum „Wertkauf“ eingerichtet. Am 5. Juli 1969 wurde von der Linie „H“ aus eine Zweigstrecke von der Haltestelle Mühle nach Lairnen eröffnet. Die andere Endstelle dieser Seitenlinie lag am Siegesdenkmal. Hier wurde 1966 eine neue Verkehrsanlage geschaffen, die ein Optimum bei der Platzausnutzung erreichte. Die Straßenbahn- und Bushaltestellen waren durch Fußgängerunterführungen zu erreichen. Die Überdachung der Treppenaufgänge wurde vorgezogen und diente zugleich als Haltestellenschutzdach.

Querschnitt durch den Buswagenpark. Ein Einzelstück blieb der Büssing Senator 13 D (Bild oben), darunter präsentieren sich vier Büssing 12 RU 7 H des Baujahres 1961 vor dem Betriebshof Urachstraße. Unten ein Büssing 5000 T bei seiner Auslieferung 1951

Reich an Formen war der Busbestand der Freiburger Straßenbahn in den fünfziger und sechziger Jahren. Ganz oben der Wagen 4, ein 5000 T von Büssing/NAG mit einem Aufbau von Vögtle & Zeller. Das Fahrzeug wurde 1949 gebaut. Darunter ein Büssing/Emmelmann TU 7 aus dem Jahre 1957. Links noch ein weiterer Büssing/Emmelmann TU 7. Im Bild der Wagen 1 aus dem Jahre 1956

Ablösung der Straßenbahnlinie 5 Haslach – Herdern. 1961/62 erhielten die Freiburger Stadtwerke 28 neue Busse, darunter 16 Büssing 12 RU 7 H. Das Bild zeigt einen Bus auf der „Ersatzlinie H" am Hauptbahnhof

Ebenfalls als Ersatz für die Bahnen auf der Linie 5 kamen zwölf Daimler-Benz Typ O 322. Dieser Typ konnte jedoch dem Fahrgastaufkommen auf den meisten Linien nicht gerecht werden. Sieben Busse wurden daher 1964 an den Hersteller zurückgegeben

1964 wurde in Freiburg die Ära der Gelenkbusse eingeläutet. Die erste Serie bestand aus acht Wagen, die von der Firma Vetter (auf Fahrgestellen von Daimler-Benz) geliefert wurden. Das obere Foto zeigt einen solchen Wagen bei seiner Ablieferung. Darunter ein „teilstandardisierter" Wagen aus dem Jahre 1975. Rechts oben ein Wagen aus der zweiten Serie, 1965 bis 1967 ebenfalls von Vetter geliefert. Der Bus ist gerade in Lehen unterwegs

Der neue Busbetriebshof West. 1967 wurde mit den Erdarbeiten begonnen, im Oktober 1970 konnten alle Busse der Stadtwerke Freiburg umziehen

Die Ein- bzw. Ausfahrt des neuen Betriebshofes. Gerade verläßt ein „Standardbus der zweiten Generation“, ein Daimler-Benz Typ 0 405, die Anlage. Die Freiburger Verkehrs-AG hat zwischenzeitlich 15 Busse dieses Typs beschafft

Das Siegesdenkmal wurde in die Friedrichstraße versetzt, dorthin, wo früher einmal die Straßenbahn-Linie 5 fuhr.

Parallel zum Ausbau des Liniennetzes wurde der Fahrzeugbestand erweitert und erneuert. 1953 erhielt das Unternehmen die ersten Busse mit einem automatischen Getriebe, das die Fahrer wesentlich entlastet. Mit Aufbauten der in Hannover ansässigen Firma Emmelmann wurden nicht weniger als fünf verschiedene Typen der Firma Büssing beschafft, daneben zwei Typen mit eigenem Büssing-Aufbau. Unter den Fahrzeugen befanden sich auch zwei Reisebusse. Zur Umstellung der Straßenbahn-Linie 5 wurden 16 Büssing-Busse und erstmals Fahrzeuge des Fabrikates Daimler-Benz (12 Wagen) beschafft. Die Daimler-Benz-Busse erwiesen sich sehr schnell als zu klein. Daher wurden sieben Wagen im Jahre 1964 zurückgegeben (sie sollen ins Ausland verkauft worden sein). 1962 wurden nochmals sechs Büssing in Dienst gestellt. Der Versuch, die Linie „C" nach St. Georgen über Lessingstraße – Kronenbrücke – Rotteckplatz – Hauptbahnhof – Wilhelmstraße – Johanneskirche weiterzuführen, bewährte sich nicht, ebenso nicht der auf wiederholte Anträge der Ortsvereine Haslach und St. Georgen festgesetzte 14tägige Versuch, zwischen Haslach und St. Georgen eine Busverbindung einzurichten.

Bedingt durch den Gesetzgeber durften ab 1. Januar 1960 Omnibusanhänger nur noch mit Ausnahmegenehmigung eingesetzt werden, so daß diese größtenteils Mitte 1962 aus dem Verkehr gezogen wurden. Die Linie „H" war die erste Freiburger Buslinie, die im „Einmann-Betrieb" verkehrte. Rasch wurden jedoch auch alle anderen Linien von ihren Schaffnern „befreit", so daß es ab 15. Juni 1963 vorerst keine Schaffner mehr gab. Sie kehrten jedoch mit der Beschaffung der ersten Gelenkbusse zurück, die aufgrund der starken Zunahme der Einwohnerzahlen in den westlichen Stadtteilen ab 1964 beschafft wurden. Unter den Nummern 301 bis 308 wurden 1964 acht und 1965 weitere zehn Daimler-Benz O 317 mit Aufbauten der Firma Vetter beschafft. Benötigt wurden die Schaffner noch bis zur Umstellung vom komplizierteren Leistungstarif mit einer Vielzahl von Tarifstufen auf den einfacheren Einheitstarif. Der neue Tarif galt ab 1. Juli 1965. Fortan mußten Erwachsene 0,50 DM und Kinder 0,30 DM entrichten. Eine Fahrt auf der Mehrfahrtenkarte kostete 40 Pfennig (Erwachsene) bzw. 22 Pfennig (Kinder). Während der Fahrer die Einzelfahrkarten entwertete, mußten sich die Nutzer der Mehrfahrtenkarten an den Entwerter, den sogenannten „eisernen Schaffner" gewöhnen. Fahrgäste mit Sichtkarten und Umsteiger konnten bei den Gelenkbussen nun an allen Türen einsteigen, der bisher übliche „Fahrgastfluß" wurden aufgehoben. Die neuen Gelenkbusse kamen ab dem 6. Dezember 1964 auf der verlängerten Linie „B" (sie integrierte die bisher getrennten Linien „B" und „E") und ab 30. Januar 1966 auf der ebenfalls verlängerten Linie „C" zum Einsatz. Sie besaßen einen Direkteinspritz-Dieselmotor mit einer Leistung von 200 PS. In ihnen fanden die Fahrgäste 50 Sitz- und 110 Stehplätze vor. In den folgenden Jahren wurde der Bestand an Gelenkbussen ständig erhöht. 1966 folgten fünf, 1967 zwei und 1969 nochmals zwei Wagen. Zweiachsige Busse wurden dagegen nach Umstellung der Linie 5 kaum mehr beschafft. Zwischen 1962 und 1967 wurden elf Büssing-Busse der Typen Senator und Präfekt in Dienst gestellt.

1967 wurde die Haltestelle Am Kirchacker der Linie „H" nicht mehr bedient, dafür jedoch das Fahrplanangebot verbessert, da nun alle Kurse bis Binzengrün durchfuhren. Durch Zusammenfassung einzelner Haltestellen gab es auch neue Zwischenstops. Als Ausgleich wurde die Linie „H" von der Schule Haslach nach Kirchacker verlängert. Am 6. Dezember 1969 zeichnete man die Zweigstrecke der Linie „H" nach Lairnen der Übersichtlichkeit wegen in „G" um. Zum gleichen Zeitpunkt wurde die bisher an der Lorettostraße endende Linie „A" durch die Innenstadt weitergeführt und mit der Linie „D" nach Betzenhausen zu der neuen Linie „A" verknüpft. Die Linienführung wurde dabei insofern geändert, daß die bisherige Endstelle Friedrich-Ebert-Platz der Linie „D" nicht mehr bedient wurde.

Mit Ablieferung der neuen Daimler-Benz-Busse im Januar 1970 brach auch in Freiburg das Zeitalter der „Standardbusse" an. Wurden die verschiedenen Bustypen von den Herstellern bisher unabhängig voneinander entwickelt, wurde nun ein gemeinsames Grundkonzept in Zusammenarbeit mit dem Verband öffentlicher Verkehrsbetriebe erarbeitet. Von der Vereinheitlichung sollten sowohl die Fahrgäste profitieren, die in etwa die glei-

Bis Mitte der sechziger Jahre kamen die Busse der Stadtwerke Freiburg nicht in die Innenstadt. Am Friedrich-Ebert-Platz bestand die Verknüpfung zu den Buslinien „D“ und „E“ in Richtung Betzenhausen und Freiburg-West

Das südliche Gegenstück, der Johanneskirchplatz. Hier starteten die Linien „B“ und „C“ in Richtung Haslach und St. Georgen

Siegesdenkmal
FR-SW 170

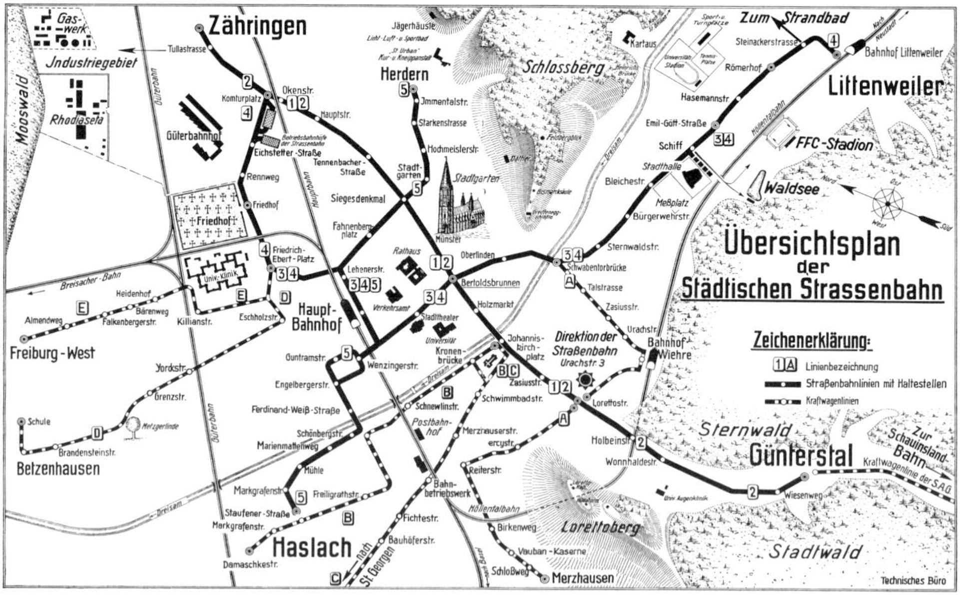
Übersichtsplan der Städtischen Strassenbahn
Zeichenerklärung:
1 A Linienbezeichnung
Straßenbahnlinien mit Haltestellen
Kraftwagenlinien
Zähringen
Tullastrasse
Gas-werk
Jndustriegebiet
Mooswald
Rhodiaseta
Güterbahnhof
Komturplatz
Okenstr.
Hauptstr.
Eichstetter-Straße
Tennenbacher-Straße
Rennweg
Friedhof
Friedrich-Ebert-Platz
Univ.-Klinik
Breisacher-Bahn
Heidenhof
Bärenweg
Almendweg
Falkenbergerstr.
Killianstr.
Eschholzstr.
Freiburg-West
Yorckstr.
Grenzstr.
Schule
Metzgerlinde
Brandensteinstr.
Betzenhausen
Güterbahn
Haupt-Bahnhof
Lehenerstr.
Verkehrsamt
Stadttheater
Guntramstr.
Wenzingerstr.
Engelbergerstr.
Ferdinand-Weiß-Straße
Schönbergstr.
Marienmattenweg
Mühle
Markgrafenstr.
Freiligrathstr.
Staufener-Straße
Haslach
Damaschkestr.
nach St. Georgen
Fichtestr.
Bauhöferstr.
Bahn-betriebswerk
Postbahn-hof
Schnewlinstr.
Schwimmbadstr.
Merzhauserstr.
Reiterstr.
Birkenweg
Vauban-Kaserne
Schloßweg
Merzhausen
Höllentalbahn
Lorettoberg
Dreisam
Jägerhäusle
Herdern
Jmmentalstr.
Starkenstrasse
Hochmeisterstr.
Stadt-garten
Stadtgarten
Siegesdenkmal
Fahnenberg-platz
Münster
Rathaus
Oberlinden
Bertoldsbrunnen
Holzmarkt
Kronen-brücke
Johannis-kirch-platz
Direktion der Straßenbahn Urachstr. 3
Zasiusstr.
Lorettostr.
Holbeinstr.
Wonnhaldestr.
Schlossberg
Kartaus
Zum Strandbad
Steinackerstrasse
Bahnhof Littenweiler
Littenweiler
Römerhof
Hasemannstr.
Emil-Gött-Straße
Schiff
FFC-Stadion
Stadthalle
Bleichestr.
Waldsee
Meßplatz
Bürgerwehrstr.
Sternwaldstr.
Schwabentorbrücke
Talstrasse
Urachstr.
Bahnhof Wiehre
Sternwald
Günterstal
Wiesenweg
Zur Schauinsland-Bahn
Kraftwagenlinie der SAG
Stadtwald
Technisches Büro

Einzelstücke blieben diese beiden Busse bei der Freiburger Verkehrs-AG. Links der MAN SL 200 mit der Wagennummer 31 (später 51), rechts der Magirus-Deutz 170 SH 11 mit der Nummer 32 (später 52)

Zu den Aufnahmen auf der linken Seite: Zuerst von der Straßenbahnlinie 5, dann von der Buslinie H befahren: Die Bahnüberführung am Stühlinger Kirchplatz. Unten das Freiburger Liniennetz im Jahre 1956. Neben den Straßenbahnverbindungen waren fünf Buslinien vorhanden, die alle nicht die Innenstadt anfuhren

che Inneneinrichtung in allen Busse vorfinden sollten, als auch die Werkstätten, da die Motoren nun einheitlich im Heck untergebracht waren und die Reparaturarbeiten somit deutlich vereinfacht wurden. Die Daimler-Benz-Busse mit der Typenbezeichung O 305 erhielten die Wagennummern 1 bis 4. Sie waren, wie die noch 42 folgenden O 305 11 m lang und boten 40 Sitz- und 64 Stehplätze. Im Mittelperron befand sich ein Notklappsitz für Fahrgäste mit Kinderwagen. Alle Fahrzeuge wurden mit der seit Einführung der Gelenkbusse üblichen Signal- und Türautomatik ausgestattet. Die Busse wogen 15,4 t, hatten einen Motor mit einer Leistung von 170 PS und erreichten eine Höchstgeschwindigkeit von 76 km/h.

Am 9. Mai 1971 stimmten die Bürger der Gemeinde Lehen darüber ab, ob ihr Ort der Stadt Freiburg angeschlossen werden oder ob sie wie bisher als selbständige Einheit bestehen bleiben sollte. Mit übergroßer Mehrheit entschieden sich die Lehener Bürger für den Zusammenschluß. Daß sie auch von der Stadt einiges zu erwarten hatten, verspürten sie bereits am darauffolgenden Tag. Er brachte den Anschluß an das Nahverkehrsnetz. Die Linie „A" wurde (mit neuen Haltestellen an der Dietenbachstraße, Gscheidstraße, Kirchstraße) bis nach Lehen Silberhof, links der Dreisam, verlängert. Die spontane Einrichtung der Linie fand überall große Beachtung. Ein Sonderfahrplan wurde an alle Haushalte in Lehen kostenlos verteilt. Ebenfalls 1971 wurde eine Schwesterlinie der „Einkaufsverbindung K" geschaffen. Sie startete ebenfalls an der Hornusstraße und endete am Einkaufsmarkt „Ebaa".

Damit bestand 1971 folgendes Bus-Liniennetz:

Linie A: Merzhausen – Betzenhausen – Lehen

Linie B: Haslach – Mooswald – Landwasser

Linie C: Siegesdenkmal – St. Georgen

Linie D: Hauptbahnhof – Opfingen

Linie F: Hornusstraße – Wildtal und Hornusstraße – Rhodiaceta

Linie G: Lairnen – Siegesdenkmal

Linie H: Haslach – Herdern

Linie K: Hornusstraße – Wertkauf und Hornusstraße – Ebaa

Linie L: Littenweiler – Kappel Schule

Linie SB: Günterstal – Talstation – Horben

Weichenstellung in die Zukunft

Nach Ablieferung der letzten GT 4 im Jahre 1968 leisteten diese 22 Wagen den Grunddienst auf dem Freiburger Straßenbahn-Netz. An Altfahrzeugen waren 1971 neben den zukünftigen Museumswagen noch die Wagen 38, 41, 42 und 45 sowie die Verbandstypwagen 61 bis 74 vorhanden, von denen bereits zwei zu Arbeitswagen umfunktioniert waren. Jedoch mußten noch immer drei bis vier Zweiachserzüge auf der Linie 4 eingesetzt werden. Diese Einsätze endeten mit der Ablieferung von vier neuen achtachsigen Gelenkwagen (GT 8). Diese neuen Wagen wiesen zahlreiche technische Besonderheiten auf und drehten das bisherige Konzept des Zweirichtungs-Betriebes wieder um. Sie wurden als Einrichtungwagen geliefert. Die neuen Fahrzeuge sind durch zwei wesentliche Faktoren gekennzeichnet: Die beiden Gelenkpunkte liegen nicht – wie sonst üblich – direkt über der Drehachse des zweiten und dritten Drehgestell. Vielmehr wurde der „Mittelwagen" als Vierachser ausgebildet, an dessen Enden jeweils die vorderen und hinteren Wagenkästen aufgesattelt sind. Damit konnten genauso enge Kurven durchfahren werden wie mit den wesentlich kürzeren GT 4. Alle vier Drehgestelle werden angetrieben (üblich ist nur die Motorisierung der beiden äußeren). Das Adhäsionsgewicht ist gleichmäßig auf alle acht Achsen verteilt, so daß die hohe Antriebsleistung von 4 mal 95 kW genutzt werden kann. Damit gehören diese Fahrzeuge zu den „stärksten" Straßenbahnwagen in Deutschland. Die günstige Kurvenhülle führte dazu, die Gesamtlänge von 32,845 m zu ermöglichen. Dies wiederum ermöglicht die hohe Anzahl von Sitzplätzen. In den Wagen befinden sich 89 Sitz- und 205 Stehplätze. Nach Auslieferung der Wagen konnten im Frühjahr 1972 die Verbandstyp-Triebwagen aus dem Linienverkehr ausscheiden. Ein Teil der Wagen wurde zu Arbeitsfahrzeugen, die noch vorhandenen Altwagen kamen in verschiedene Museen. Damit waren nur noch der Wagen 74, der zum Partywagen umgebaut wurde, und der Wagen 66, der 1979 zum Schleifwagen umgerüstet wurde, übrig geblieben.

In den neun Jahren von 1961 bis 1970 war die Wohnbevölkerung Freiburgs von 145.016 auf 163.426 angewachsen. Dies ergaben die wichtigsten Vorwegergebnisse der Volkszählung von 1970. Durchschnittlich kamen pro Jahr rund 2.000 Bürger hinzu. Diese starke Aufwärtsentwicklung wurde im wesentlichen nur noch von München übertroffen. Beeindruckend war die unterschiedliche Entwicklung in den einzelnen Stadtteilen. So haben die westlichen und südwestlichen Stadtbereiche in diesen neun Jahren zusätzlich 24.500 Bürger aufgenommen. Von relativ geringem Gewicht war dagegen der Zuwachs von 2.300 Einwohnern in den Bereichen Nord und Ost. Beachtenswert war auch der Rückgang in den Bereichen Mitte und Süd um insgesamt 8.400 Personen – hauptsächlich zu erklären mit dem gestiegenen Bedarf an gewerblicher Nutzfläche sowie der Auflockerung der kriegsbedingten Wohnungsenge. Von den 30 Stadtbezirken haben je die Hälfte an Bevölkerungszahl gewonnen bzw. eingebüßt. Neben dem Neubaugebiet Landwasser verzeichneten vor allem Haslach-Weingarten, Haslach-Haid und Betzenhausen-Bischofslinde enormen Zuwachs.

Die Statistik lieferte noch weitere interessante Daten. Bei der Frage nach der Wahl des Verkehrsmittels auf dem Weg zum Arbeitsplatz bzw. zur Schule oder Hochschule antworteten 21,6 %, sie würden mit Straßenbahn, Bus, Eisenbahn oder Werks-/Schulbus fahren. 38,5 % erklärten, sie würden überhaupt kein Verkehrsmittel benutzen (und damit zu Fuß gehen). Rechnete man diese Gruppe heraus, so ergab sich an allen Bewegungen (vom Fahrrad über das Auto bis hin zum öffentlichen Verkehrsmittel) ein Anteil von 35,5 % für den öffentlichen Nahverkehr. Eindeutige Begründungen für die Bevorzugung einzelner Verkehrsmittel in den verschiedenen Stadtgebieten ließen sich zwar kaum finden, jedoch kamen interessante Teilaspekte heraus. So drückte sich die räumliche Nähe von Wohn- und Arbeitsplatz in

Sonderdienste: Brötchen- und Zeitungsverladung auf der Buslinie nach Horben. Wäre dies nicht auch ein Service für die Fahrgäste?

Zu Testfahrten unterwegs in Freiburg: ein Vetter-Gelenkbus für das niederländische Überlandbusunternehmen Westnederland. Wegen seiner gelben Farbe war der Bus in Freiburg nur als „Kanarienvogel" bekannt

Mit der Eingemeindung von Vororten wuchs auch das Busnetz. 1972 wurde Waltershofen durch die Linie „J" an das Verkehrsnetz angeschlossen

ZIGARREN
FREYTAG

Arbeitswagen
41
203
208

Querschnitt durch den Freiburger Arbeitswagenpark. Links oben bugsieren zwei Verbandstyp-Triebwagen einen gerade abgeladenen Stadtbahnwagen zur Hauptwerkstatt. Die Aufnahme entstand am Bertoldsbrunnen. Darunter der Arbeitswagen 41, ebenfalls ein ehemaliges Linienfahrzeug, am alten Gleislager Kaiserstuhlstraße.

Rechts oben der Rottenkraftwagen (mit Dieselmotor), darunter der Schleifwagen 414 und die Wagen 402 und 405 bei Arbeiten an der Stadtbahnbrücke über die Bahnhofsanlagen

einem sehr hohen Anteil von Fußgängern aus (in den inneren Stadtbereichen bis zu 72,8 %). Ein Gegenbeispiel bildete der Stadtteil Landwasser: hier waren nur 19,8 % Fußgänger, dagegen 32,7 % Benutzer von Autos als Selbstfahrer, wozu noch 5,7 % Mitfahrer kamen; der Anteil der Benutzer öffentlicher Verkehrsmittel betrug 33,8 %. Wie sehr ein gut ausgebautes öffentliches Verkehrsmittel auch die Nachfrage anregen kann, zeigte die Verbindung nach Günterstal. 38,1 % aller Erwerbstätigen bzw. Schüler dieses Stadtbezirkes fuhren mit der Straßenbahn zum Arbeitsplatz bzw. zur Schule, nur 25,6 % mit dem eigenen Auto, obwohl den Einkommensverhältnissen entsprechend sehr viel mehr Einwohner dieses Stadtteils sich eine Fahrt mit dem Auto leisten könnten.

Im Jahre 1972 wurden die Stadtwerke in eine privatrechtliche Gesellschaft umgegründet. Aus den bisher allumfassenden Stadtwerken wurde als Holdinggesellschaft die „Stadtwerke Freiburg GmbH" gegründet, die alle Anteile der neuen „Freiburger Verkehrs-AG" hält. Gleichzeitig ist die Dachgesellschaft an der „Freiburger Energie- und Versorgungs AG" mit 66⅔ % beteiligt. Der andere Anteilseigner an dieser AG ist die Thüringer Gasgesellschaft. Von der Umgründung und der Beteiligung der Thüringer Gasgesellschaft erwarteten die Stadtväter folgendes: Sie erhielten durch die Drittbeteiligung 18 Mio DM zu einem niedrigen Prozentsatz. Mit dieser Summe hoffte man wenigstens in den folgenden vier Jahren arbeiten zu können. Und für die Mitarbeiter sollte erstmals eine „echte" Mitbestimmung eingeführt werden. In dem bisherigen Werksausschuß, sowie den Personal- und Finanzausschußsitzungen hatten sie kein Stimmrecht, sondern wurden allenfalls zu einzelnen Sachbereichen gehört. Er weiterer Pluspunkt wurde in der „Beweglichkeit" gesehen. Wurden bisher Entscheidungen schwerfällig über mehrere Instanzen getroffen, konnte jetzt die Unternehmensleitung selbst in kürzester Frist entscheiden.

Ende der 60er Jahre hatte sich der Busbestand durch die Netzerweiterungen erheblich erweitert. Die Unterbringung in den alten Gebäuden erlaubte jedoch keine rationelle Abwicklung der Wartungs- und Pflegearbeiten mehr. Daher faßte der Gemeinderat am 26. April 1967 den Beschluß, einen neuen zentralen Betriebshof zu erstellen. Nach der im Jahre 1967 aufgestellten Zielplanung ist die neue Anlage zur späteren Aufnahme aller technischen Betriebe und der Verwaltung vorgesehen. Im November 1967 wurde mit den Erdarbeiten begonnen, im Juni 1969 wurde das Richtfest gefeiert. Nach dreijähriger Bauzeit konnte am 24. Oktober 1970 im Jahre des 850jährigen Bestehens der Stadt Freiburg zum 70jährigen Jubiläum der Verkehrsbetriebe der neue Omnibusbetriebshof „Auf der Haid" in Betrieb genommen werden. Das Grundstück umfaßt eine Fläche von rund 100.000 qm, dies entspricht 14 Fußballplätzen. 91.360 cbm Raum wurden umbaut, die Abstellhalle hat eine Grundfläche von 5.280 qm (7 Fahrspuren entsprechend 27 m Breite mal 200 m Länge). Der Stauraum mit Tankstelle umfaßt 33.000 qm. Betriebswerkstätte, Omnibuswerkstätte, Wasch-, Wartungs- und Prüfhalle sind 6.850 qm groß. Der Bau wurde in Fertigbauweise ausgeführt, die Fertigteile hatten ein Gesamtgewicht von 4.000 t. Die das Dach tragenden Abfangträger (Gewicht rund 46 t pro Stück) wurden auf der Baustelle gegossen.

Die technischen Einrichtungen des Betriebshofes sind nach den modernsten Erkenntnissen ausgelegt. Die Tankanlage ist computergesteuert ("automatische Tankdatenerfassung"), Fahrzeugnummer, Datum und Abgabemenge werden erfaßt und zugeordnet. Der Treibstoffbehälter hat einen Durchmesser von 16 m und faßt 360.000 l Diesel, 230.000 l Heizöl und 10.000 l Altöl. Die Werkstatt ist mit zwei 20 m langen und zwei 40 m langen Gruben ausgerüstet. In der Waschanlage kann ein Bus in 5 Minuten und ein Gelenkbus in 7 Minuten gereinigt werden.

Die Kosten der Gesamtanlage beliefen sich auf 8,8 Mio DM. Sie war zunächst für 70 Busse und 10 Sonderfahrzeuge gedacht und besitzt auch einen eigenen Rollenbremsprüfstand. Damit konnte die Omnibushauptwerksätte Komturstraße aufgegeben werden. Gleichzeitig wurde die Funkleitstelle von der Komturstraße in den neuen Betriebshof verlegt. In den Folgejahren diente die neue Anlage auch anderen Zwecken. So wurde z.B. im Jahre 1980 in der großen Abstellhalle vor 10.000 Zuhörern eine Wahlveranstaltung mit dem damaligen Bundeskanzler Helmut Schmidt abgehalten, da die Stadthalle ausgebucht war. Der neue Betriebshof soll im Endausbau auch Platz für die Straßenbahn bieten. So ist noch Platz genug um

Zu dem Bestand an Museums- und Sonderfahrzeugen der Verkehrs-AG gehört auch der vierachsige Triebwagen 56. Er wurde 1927 von der Waggonfabrik Rastatt gebaut

Das Prunkstück der Freiburger „Sammlung“. Der Triebwagen 2 aus der ersten Fahrzeugserie, hier bei einem Ausflug auf der Günterstaler Strecke

folgende Gebäudeteile bzw. Abteilungen einzurichten: eine gemeinsame Hauptwerkstatt für Bus und Straßenbahn, die Abteilung Gleisbau, Betriebsdienstgebäude und eine Abstellanlage für Straßenbahnen. Die Realisierung wird sicher zumindest teilweise nicht mehr lange auf sich warten lassen. Die Kosten werden auf rund 40 Mio DM veranschlagt.

Wie leistungsfähig der öffentliche Nahverkehr in Freiburg ist, konnte er in den 70er Jahren gleich zweimal zeigen. Im Herbst 1973 wurden im Rahmen der Erdölkrise vier sog. „autofreie Sonntage" eingeführt. Die Freiburger Verkehrs-AG paßte sich dabei mit folgenden Verbesserungen dem zu erwartenden zusätzlichen Fahrgastaufkommen an: Auf der Linie „A" wurden ganztags Gelenkzüge eingesetzt, ebenso auf der Linie „F" (Hornusschleife – Wildtal). Auf der Linie „B" wurde der Takt von 30 auf 15 Minuten bzw. von 15 auf 10 Minuten verdichtet. Die Linien „C" und „L" wurden bei Bedarf durch Einsatzwagen verstärkt. Die Linie zur Schauinslandbahn erhielt – soweit erforderlich- Gelenkwagen zur Talstation und Einsatzwagen nach Horben. Die Straßenbahnen auf den Linien 1 und 2 fuhren vormittags alle 15, nachmittags alle 7/8 Minuten. Die Linien 3 und 4 fuhren alle 15 Minuten unter Einsatz aller achtachsigen Gelenkwagen.

Organisationstalent und Meisterleistungen waren beim 85. Deutschen Katholikentag gefordert, der vom 13. bis 17. September 1978 auf dem Meßplatz stattfand. Bereits im Februar wurde mit den ersten Planungen und Vorbereitungen begonnen und für die Veranstaltungstage Urlaubssperre angeordnet. Hilfestellung sollten Kirchentags-Erfahrungsberichte aus Trier und Mönchengladbach geben. Waren dort aber jeweils nur rund 5.000 Dauerteilnehmer anwesend gewesen, hatten die Freiburger die tägliche Beförderung von über 28.000 Dauerteilnehmern sicher zu stellen. Zusätzlich besuchten zwischen 20.000 und 70.000 Tagesteilnehmer die einzelnen Veranstaltungen. Um dem erhöhten Fahrgastaufkommen gerecht zu werden, wurde das Fahrausweisangebot erweitert. Eintausend Dauernetzkarten (für alle Veranstaltungstage) wurden gedruckt und 5.000 Tageskarten warteten auf die Kundschaft. Die ersten Nachbestellungen ließen nicht lange auf sich warten und bis zwei Tage vor Beginn der Veranstaltungen waren allein 16.000 Karten verkauft.

Die erste Bewährungsprobe sollte beim Eintreffen von drei Sonderzügen am Hauptbahnhof erfolgen. 15 Gelenkbusse standen bereit, der erwartete „Druck" blieb zunächst jedoch aus, setzte aber dann in den Abendstunden prompt ein. In kürzester Zeit konnten über die Leitstelle einige Busfahrer mobilisiert werden, die bereits Feierabend hatten und ohne Murren und Zögern die eine oder andere Runde an ihren Dienst „anhängten". Alle Fahrzeuge der Verkehrs-AG, die einsatzfähig waren, kamen zum Einsatz. Die Straßenbahn-Linie 4 in Richtung Littenweiler mußte durch Gelenkbusse ergänzt werden. Die Wochenendtage des 16. und 17. September brachten dann den Spitzeneinsatz. Zur besseren Abwicklung wurde die Schwarzwaldstraße für den Autoverkehr gesperrt. Nach der Schlußkundgebung verließen im Minutenabstand Busse und Straßenbahnen den Meßplatz in Richtung Innenstadt. Bereits nach einer Stunde war der Hauptrummel auf dem Platz verlaufen und das bei immerhin bis zu 100.000 Besuchern. Insgesamt verkaufte die Verkehrs-AG in diesen Tagen zusätzlich über 30.000 Einzelfahrscheine, über 18.000 Dauer- und 8.000 Tagesnetzkarten sowie rund 3.000 Park + Ride-Scheine (gültig für Busfahrten zwischen dem provisorisch eingerichten Parkplatz auf dem Flughafen und dem Veranstaltungsgelände). Insgesamt wurden 442.000 Fahrgäste befördert. Die Mitarbeiter im Fahrdienst leisteten 2.700 Überstunden, in den Bereichen Werkstatt, Verwaltung und Bahnmeisterei kamen 250 Überstunden zusammen. Sämtliche 79 Busse der Verkehrs-AG waren im Einsatz. Eine besondere Leistung war die Wiederherstellung des Straßenbahnwagens 106, der nach einem Unfall abgestellt war. Zum Teil in Nachtarbeit konnte das Fahrzeug bis zum Veranstaltungsbeginn wieder hergerichtet werden.

Im März 1979 wurde der Fahrplan der Linie „L" nach Ebnet erheblich erweitert. Die Busse verkehrten von nun an auch sonntags. Da die eingesetzten großen Busse nicht immer ausgelastet waren und in Ebnet Schwierigkeiten beim Rangieren bestanden, wurden zur „Abhilfe" zwei Kleinbusse von Daimler-Benz mit einem Aufbau der Firma Vetter beschafft. Die Wagen mit den Nummern 71 und 72 waren knapp 9 m lang und nur 2,1 m breit (üblicherweise sind Busse 2,5 m breit) und boten 18 Sitz- und 20 Stehplätze. Angetrieben wurden sie von einem 130 PS-Motor. Der Bus 72

Parade der Museumswagen bei der Eröffnung der Stadtbahnstrecke nach Freiburg-West. Rechts die Wagen 2 und 56, links der heutige Partywagen 74 mit den Anhängern 235 und 242, die derzeit am Betriebshof West abgestellt sind

Anruf genügt und der Partywagen steht Ihnen zu Diensten. Das umgebaute Fahrzeug erhielt das Design eines großen Blechspielzeugs mit Uhrwerk. Ersatzantrieb bei Stromausfall?

Jahrelang ein alltägliches Bild in Freiburg, das An- und Abkoppeln der Beiwagen am Betriebshof Komturstraße. Tagsüber standen sie in langen Reihen auf dem Depotgelände, um in den Hauptverkehrszeiten von einem Rangierwagen herausgezogen und an den vorbeifahrenden Kurswagen angehängt zu werden

Seit 1981 aus den Straßenbahnwagen verschwunden: die Schaffner der Freiburger Verkehrs-AG. Längst haben die Fahrer ihre Aufgaben übernommen

Mit Einführung der Gelenkwagen kam auch der feste Schaffnerplatz nach Freiburg. Eingestiegen werden durfte nur noch an der hinteren Türe

Der Hauptträger des Straßenbahnverkehrs in den sechziger und siebziger Jahren: Der GT 4, im Bild ein Wagen am frühen Morgen unterwegs auf der Günterstaler Strecke

Der Straßenbahnverkehr in der Kaiser-Joseph-Straße während des Umbaus zur Fußgängerzone. Die Bahn dient hier abends zur Belebung und Erhöhung der Sicherheit

Ein Pulk von GT 4-Fahrzeugen an der Endschleife Hornusstraße. 22 Wagen lieferten die Waggonfabriken Esslingen und Rastatt in den Jahren 1962 bis 1968. Weitere Wagen wurden gebraucht aus Stuttgart übernommen

war mit komfortablen Sitzen ausgestattet und konnte daher auch für Sonderfahrten eingesetzt werden. Teilweise waren die beiden Fahrzeuge im Abendverkehr auch im Norden der Stadt, auf der Linie „F", sowie auf der Linie „G" im Einsatz. 1980 folgten zwei weitere Kleinbusse. Aus betriebswirtschaftlichen Gründen und wegen des gestiegenen Fahrgastaufkommens wurden alle vier City-Busse 1987 verkauft. Jetzt verkehren mit Kameras und Bildschirmen ausgerüstete Busse auf der Ebneter Linie.

Im Juli 1972 beschloß der Stadtrat die Umwandlung der Kaiser-Joseph-Straße (Belastung: rund 22.000 Pkw-Einheiten innerhalb 16 Stunden) und angrenzender Bereiche in eine Fußgängerzone. Der Individualverkehr wurden über den zwischen 1960 und 1970 ausgebauten Innenstadt-Tangentenring abgeleitet, Straßenbahn und Bus verblieben auf ihrer bisherigen Linienführung. In den vom öffentlichen Nahverkehr befahrenen Straßen wurden folgende verkehrsregelnde Maßnahmen festgelegt: Fußgängerbereich ohne Fahrverkehr, ausgenommen Rettungsdienst und Kommunalfahrzeuge für die Kaiser-Joseph-Straße zwischen Grünwälderstraße und Siegesdenkmal mit den Straßenbahn-Linien 1 und 2 sowie den Buslinien A, B und C sowie Fußgängerbereich ohne allgemeinen Fahrverkehr, jedoch zeitlich unbeschränkter Lieferverkehr mit Tonnagebeschränkung und Radfahren gestattet für die südliche Kaiser-Joseph-Straße im Bereich Martinstor mit den oben angeführten fünf Nahverkehrs-Linien sowie Bertolds- und Salzstraße mit den Straßenbahn-Linien 3 und 4.

Nach der Sperrung für den Individualverkehr ab November 1973 begann die Ausgestaltung der Fußgängerzone, die 1980 abgeschlossen werden konnte. Randsteine und Asphaltbelag der Straßen wurden entfernt und durch Pflaster aus Natursteinsorten ersetzt. Das aus dem 13. Jahrhundert stammende Oberflächen-Be- und Entwässerungssystem, die traditionellen „Bächle", wurde restauriert und so erweitert, daß es als Abgrenzung zur Gleiszone dient. Anläßlich der Neugestaltung des Kreuzungspunktes Bertoldsbrunnen wurden zusätzliche Gleisverbindungen geschaffen, um Linienwegänderungen im Zusammenhang mit der geplanten Netzerweiterung ohne nochmalige Eingriffe vornehmen zu können.

Die befürchteten Nachteile für Handel und Gewerbe blieben aus, sie verkehrten sich sogar ins Gegenteil. Durch Konzentration des ruhenden Verkehrs auf Parkhäuser am Innenstadtring sind die Fahrgäste des öffentlichen Nahverkehrs in bezug auf Anmarschwege zum Fahrtziel in der Innenstadt nicht mehr benachteiligt. Ernsthafte Unfälle mit Fußgängern und Radfahrern hat es bisher nicht gegeben. Straßenbahnen und Busse kommen trotz Beschränkung der Höchstgeschwindigkeit auf 25 km/h durch Wegfall der Signalanlagen und des behindernden Kraftfahrzeugverkehrs jetzt schneller und zügiger voran. Die effektive Reisegeschwindigkeit wird für den Fahrgast letztlich auch durch leicht zugängliche ebenerdige Haltestellen und den Blickkontakt des Fahrpersonals zur Einhaltung der Anschlüsse positiv beeinflußt. Während der verkehrsarmen Tageszeiten, besonders am späten Abend tragen die sichtbar im Zentrum verkehrenden Bahnen und Busse zur Belebung in der Innenstadt bei. Darüber hinaus stellen sie in gewisser Weise einen Sicherheitsfaktor – insbesondere durch die Funkverbindung zur Zentrale – dar.

Kennen Sie Walter Zimmermann? Walter Zimmermann war am 3. Juli 1981 der letzte Schaffner auf einem Anhänger der Freiburger Verkehrs-AG. Mit dem Abkuppeln des letzten eingesetzten Anhängers in den Abendstunden jenes Tages ging die Ära der Schaffner – und mit ihnen die faszinierenden Fahrgeldwechsler – und die Geschichte der Anhänger in Freiburg zu Ende. In den ersten Betriebsjahren der Freiburger Straßenbahn führten die Schaffner Ledertaschen mit, in die sie jedesmal tief hineingreifen mußten, um bei Bedarf Geld wechseln zu können. Im November 1927 wurde dann eine „vielversprechende Neuerung", so die Breisgau-Zeitung, ausprobiert, der „Galoppwechsler". „Der Apparat, den der Fahrscheine ausgebende Schaffner über der Brust trägt, und dem der Erfinder die Bezeichnung ‚Galoppwechsler' gegeben hat, besteht aus vier senkrechten Röhren, deren erste 40 Einemarkstücke, die übrigen drei je 40 Fünfzigpfennig, Zehnpfennig- und Fünfpfennigstücke aufnehmen können. Der Geldwechsel wird durch den Apparat vereinfacht und zeitsparend abgekürzt. Eine kaum wahrnehmbare Hantierung des Schaffners und er hat die gewünschte Geldsorte vom Einmarkstück bis zum Fünfpfennigstück augenblicklich zur

Alt und neu nebeneinander. 16 Sitz- und 15 Stehplätze weist der kleine Wagen 2 auf, im achtachsigen Stadtbahnwagen finden 291 Fahrgäste Platz

Präsentation der verschiedenen Fahrzeugtypen. Auch heute noch bieten die Fahrzeuge der Verkehrs-AG ein buntes Bild

Hand. Mit dem automatischen Wechsler versehen, ist das Schaffnerpersonal viel rascher als wie bisher in der Lage, die Fahrgäste bedienen zu können, ein Vorteil, der besonders bei starkbesetztem Wagen zur Geltung kommt". Versahen bis zu Beginn der 60er Jahre auf allen Straßenbahnen Schaffner ihren Dienst, begannen auf den GT 4 nach und nach die Fahrer deren Aufgabe zu übernehmen. Übrig blieben ihren Dienste auf den wenigen noch eingesetzten Zweiachserzügen und auf den drei „Sputniks". Bereits 1965/66 verschwanden Beiwagen und Schaffner von den Linien 1 und 2. Für beide schlug die letzte Stunde mit der bevorstehenden Auslieferung der zweiten Serie von Stadtbahnwagen und dem Fahrplan für die Sommerferien 1981. Eine Besonderheit bildete das Ankuppeln der Anhänger am Betriebshof Komturstraße. Stand das Depot in den verkehrsarmen Zeiten voll von Anhängern, so wurde in den Verkehrsspitzen ein Wagen nach dem anderen mit einem Rangierfahrzeug herausgezogen und an die vorbeifahrenden Kurswagen angehängt. In den frühen Abendstunden fanden die Rangiermanöver in umgekehrter Richtung statt. Wagen für Wagen fand sich im Betriebshof wieder.

Walter Zimmermann war bereits einige Jahre später wieder in aller Munde. Am 14. Februar 1985 befand er sich als Straßenbahnfahrer mit einem GT 4 an der Haltestelle Komturstraße. Gegen 22 Uhr stieg ein etwa 24jähriger Mann in den Wagen ein. Nachdem er von Walter Zimmermann auf das Rauchverbot in den Fahrzeugen der Verkehrs-AG aufmerksam gemacht wurde, warf dieser die brennende Zigarette zu Boden – und zog einen Trommelrevolver. Danach zwang er den Fahrer, seine Fahrt in Richtung Bertoldsbrunnen unfahrplanmäßig aufzunehmen. Über Funk bekam die Leitstelle der Verkehrs-AG von der Entführung Kenntnis, so daß unmittelbar danach die Polizei verständigt werden konnte. An der Haltestelle Friedrich-Ebert-Platz machten dann zwei Polizeibeamte in Zivil dem Spuk ein schnelles Ende.

Im Oktober 1982 konnte endlich die geplante, 200 m lange Verlängerung der Linie 2 realisiert werden. An der neuen Endstelle wurde eine Buswendeschleife mit direkter Übergangsmöglichkeit zwischen den beiden Verkehrsmitteln geschaffen. Das neue Gleis wurde ab dem Tor auf eigenem Bahnkörper in Seitenlage verlegt. In diesem Zusammenhang wurde die alte Ausweiche an der früheren Endstelle Klosterplatz beseitigt und durch eine Haltestelleninsel ersetzt. Ein besonderer Akzent wurde durch die Errichtungeines architektonisch vorbildlich gestalteten Wartehäuschens in Schwarzwalder Schindelbauweise – in Anlehnung an das frühere Wartehäuschen in Günterstal – an der Buswendeschleife gesetzt.

Ende 1982 hatten die ersten Gelenkbusse mit ihren 18 Dienstjahren bereits ein für Busse biblisches Alter erreicht. Sie wurden durch zwei Serien von „Schubgelenkbussen" (dies sind Busse, deren Motor im Heck des Fahrzeugs untergebracht ist und daher das Vorderteil des Fahrzeugs „schiebt") der Firma Vetter ersetzt. Für den Fahrgast bedeuten diese Fahrzeuge eine erhebliche Komfortsteigerung, finden sie doch nun stoffbezogene Sitze vor, die Seitenwände sind mit Nadelfilz verkleidet und zur Verringerung der Innengeräusche wurden dämmende Deckenverkleidungen eingezogen. Da im Abendverkehr und an Wochenenden auf der Linie „F" nur wenige Fahrgäste gezählt wurden, setzte man ab Mai 1983 versuchsweise einen Kleinbus eines Taxiunternehmens ein. Jedoch war der „Fahrgastandrang" so unterschiedlich, daß an manchen Tagen nicht einmal der Kleinbus ausgelastet war, an anderen Tagen jedoch bis zu drei Taxen zusätzlich Unterstützung leisten mußten.

Die wichtigsten Linienerweiterungen in den Jahren 1972 bis 1982

02. 06. 1972:
Eine neue Linie „J" verbindet Waltershofen mit dem Hauptbahnhof. Sie wird von einem Privatunternehmen für die VAG bedient.

01. 08. 1972:
Die Linie „J" wird über Merdingen nach Gündlingen verlängert, auf diesem Abschnitt gilt jedoch nicht der Einheitstarif.

03. 06. 1973:
Im Norden der Stadt wird die Linie „F" zu einer Ringlinie in beiden Richtungen ausgestaltet. Sie fährt von der Hornusstraße über Zähringen – Wildtal – Gundelfingen – Industriegebiet zurück zur Hornusstraße.

01. 10. 1973:
Hochdorf erhält über die bestehende Bahnbuslinie Freiburg – Breisach Anschluß an das Stadt-

netz. Die neue Strecke erhält die Bezeichnung „E“.

01. 09. 1974:
Die Linie „L“ erhält einen neuen Streckenast. Er führt von der Straßenbahnendstelle Littenweiler nach Ebnet.

27. 10. 1974:
Statt der Linie „A“ führt nun die „C“ nach Lehen. Dafür übernimmt die „A“tagsüber anstelle der „H“ die Anbindung von Herdern. Die „H“ wird zum Siegesdenkmal zurückgezogen, einige Schülerkurse fahren jedoch weiter hin bis nach Herdern durch.

05. 06. 1975:
Eine dritte Einkaufslinie wird eröffnet. Die „M“ verbindet die Haltestelle Am Lindenwäldle der Linie „B“ mit dem Einkaufsmarkt Plaza und fährt weiter bis zur Haltestelle Obergasse der Linie „C“.

22. 05. 1977:
Die Linie „K“ (Wertkauflinie) wird bis Gewerbegebiet Gundelfingen verlängert. Die Schwesterlinie zum Ebaa-Markt wird aufgehoben. Die Linie „M“ verkehrt wegen geringer Auslastung nur noch zwischen Laufener Straße und Plaza.

04. 03. 1979:
In Lehen wird die „C“ verlängert und endet nun in der neuen Schleife Ziegelhofstraße.

15. 12. 1979:
Das neue Mineral-Thermalbad im Mooswald erhält Anschluß an die Linie „C“.

01. 06. 1980:
Bei der Linie „F“ werden zusätzliche Fahrten über die alte Bundestraße B 3 eingeführt, gleichzeitig wird die Linie „K“ aufgehoben. Die Linie „H“ wird bis Tiengen / Munzingen verlängert, einzelne Kurse fahren bis Mengen. Die Bundespost übernimmt die Durchführung der „G“, die zugleich bis Weingarten und Opfingen verlängert wird. Die Plaza-Linie „M“ wird in “P“ umbezeichnet und eine neue Linie „M“ bindet nun den Mundenhof an. Sie wird jeweils in den Wintermonaten wieder eingestellt.

23. 05. 1982:
Wie in den Jahren 1962 bis 1974 übernimmt die Linie „H“ wieder ganztägig die Anbindung von Herdern, die Linie „A“ endet am Siegesdenkmal. Die Linie „M“ wird wieder eingerichtet. Sie bedient versuchsweise das Wohngebiet Bifänge, wird aber nach kurzer Zeit endgültig eingestellt.

Kleine Fahrzeugparade vor dem Betriebshof Urachstraße. Neben dem GT 4 stehen ein Daimler-Benz/Vetter-Gelenkbus sowie ein Büssing Senator 13D

Tor zum Westen: Die Freiburger Stadtbahn

In den 60er Jahren war die Beseitigung des Wohnungsmangels eine der vordringlichsten Aufgaben der Freiburger Kommunalpolitik. Eine Erweiterung nach Osten scheiterte durch die Ausläufer des Schwarzwaldes an topographischen Gegebenheiten. So zog denn die Stadt ihre Geländereserven im westlichen Bereich für die Stadterweiterung heran. Aus dieser Zeit bereits stammen die ersten Überlegungen, das Straßenbahn-Netz gradlinig über die Anlagen der Bundesbahn hinweg in die neuen westlichen Stadtteile zu erweitern. Man war sich dabei im Klaren, daß ein Schienenverkehrsmittel (Schnellstraßenbahn/ Stadtbahn) die geeignete Lösung für die Anbindung sei und Omnibusse nur als Zwischenlösung in Betracht kämen. Der 1969 vorgelegte Generalverkehrsplan für die Stadt Freiburg kam daher auch folgerichtig zu dem Schluß, alle neuen dichtbesiedelten Gebiete an das Straßenbahn-Netz im Bereich der Bertoldstraße anzuschließen und eine Linienbündelung auf dem Abschnitt zwischen Fehrenbachallee und Bertoldsbrunnen vorzugeben.

Zunächst war dabei vorgesehen, eine Überquerung des Hauptbahnhofes – beginnend in der Bertoldstraße in Höhe der Moltkestraße über die Bahnanlagen, die Wenzigerstraße und die Klarastraße hinweg bis zur Hansjakobschule – vorzunehmen. Die Eschholzstraße sollte dann ebenerdig gekreuzt werden, eine kreuzungsfreie Lösung wurde ebenfalls diskutiert. Gedacht war an eine Überführung. Dies führte dazu, daß im Gemeinderat das Wort von der „Berg- und Talbahn" oder „Achterbahn" geprägt wurde. Eine weitere Variante in Form einer Überführung der Eschholzstraße wurde ebenfalls untersucht. Dies hätte dazu geführt, daß im gesamten Bereich des Stühlinger Kirchplatzes die Strecke in etwa 7 m Höhe gebaut worden wäre. Auch die Unterquerung des Rotteckringes war von Anfang an im Gespräch, um eine möglichst schnelle Verkehrsverbindung zwischen der Innenstadt und den westlichen Stadtteilen zu erreichen. Als dritte Variante wurde noch eine komplette Tieflage untersucht, wobei sowohl die Bahnanlagen als auch die Eschholzstraße unterquert werden sollten. Dies hätte den Bau von zwei unterirdischen Haltestellen – am Hauptbahnhof und der Eschholzstraße – notwendig gemacht.

Mitten in der Diskussion um die richtige Art der Streckenführung kam ein neues Verkehrsmittel für die Anbindung der westlichen Stadtteile ins Gespräch: Das Cabinen-Taxi (kurz CAT). Entwikkelt wurde dieses System von der Firma Demag. Dabei handelt es sich um Kleinkabinen für zwei bis drei Fahrgäste. Diese können sowohl auf Betonbalken fahren oder an ihnen – ähnlich wie die Wuppertaler Schwebebahn – hängen. Die Betonbalken können auf Ständern montiert, aber auch auf ebener Erde oder sogar im Tunnel verlegt sein. Für Freiburg wurde das System als Hochbahn vorgeschlagen. Im Abstand von rund 40 m waren Stahl- oder Betonstützen vorgesehen. Diese Konstruktion hätte sich in den Außenbereichen ohne weiteres in das bestehende Straßenbild integrieren lassen, da ja genügend Platz vorhanden war. Problematisch wäre es aber in der engen Innenstadt geworden. Vorgesehen war eine Streckenführung über Auwaldstraße, Sundgauallee, Wannerstraße, Bertoldstraße, Rotteckring, Siegesdenkmal, Albertstraße, Mathildenstraße, Hugstetter Straße, Universitätsklinik, Elsässer Straße und zurück nach Landwasser. Verknüpfungspunkte mit dem bestehenden Nahverkehrsnetz waren am Friedrich-Ebert-Platz und am Siegesdenkmal vorgesehen.

Wie hätte nun der Fahrgast das System nutzen können? Er geht ganz einfach zur nächsten Haltestelle. Dort löst er an einem Automaten nach Wahl seines Ziels eine Fahrkarte. Mit dem Lösen des Fahrscheins wird – sofern an der Station gerade keine Kabine vorhanden ist – von irgendeinem anderen Bahnhof bzw. vom Depot aus sofort eine Kabine in Bewegung gesetzt. Wartezeiten bestehen damit kaum noch. Kommt die Kabine an, wird die Fahrkarte eingeworfen, die Türe öffnet sich und der Fahrgast kann einsteigen. Ohne Zwi-

Eröffnung des ersten Abschnittes der Stadtbahnstrecke in den Freiburger Westen. In der Schleife Paduaallee stehen zwei geschmückte Stadtbahnwagen zur Rückfahrt in die Innenstadt bereit

1985 erfolgte die Inbetriebnahme des zweiten Abschnittes bis Landwasser. Im Bild zwei geschmückte Wagen auf dem Abschnitt Paduaallee bis Moosgrund

Das Einfahrtstor nach Günterstal. Die Durchfahrt wird durch Lichtsignalanlagen geregelt

1982 wurde die Günterstaler Strecke um 200 m verlängert. An der neuen Umsteigestelle auf den Bus zur Schauinslandbahn wurde ein Wartehäuschen im Stil der alten Wartehalle an der Günterstaler Dorfstraße nachgebaut

Abschied von den Straßenbahnen auf dem Bahnhofsvorplatz. Die bisher hier verkehrenden Linien 3 und 4 fahren nun auch über die Stadtbahnbrücke und biegen am Technischen Rathaus in Richtung Komturstraße ab

Verstärkung aus Stuttgart. Um kurzfristig den höheren Fahrgastzahlen durch die Umweltschutzkarte gerecht zu werden, wurden aus der Neckar-Metropole acht GT 4 übernommen. Im Bild ein Zug auf der Stadtbahnstrecke

Eröffnung der Landesgartenschau 1986. In der Schleife an der Stadthalle stehen ein „Sputnik" und ein Stadtbahnwagen nebeneinander

schenhalt wird er dann auf direktem Wege zu seinem Zielbahnhof befördert. Dabei kann er es sich auf den Polstersitzen gemütlich machen, Radio hören, rauchen und lesen.

Die Bahn wird vollautomatisch über Computer gesteuert. Fahrpersonal wird nicht benötigt. Und hierin sollte der große Vorteil des Systems liegen, denn bei einem solchen Einsparungspotential errechnete man einen Fahrpreis von 10 Pfennig pro km, um zu einem ausgeglichenen Wirtschaftsergebnis zu kommen.

Warnende Stimmen wurden dann bald aus dem Bereich der Werkstatt der Freiburger Verkehrs-AG laut. Nach ihrer Auffassung hätten zwar Fahrer eingespart werden können, dafür würden jedoch zahlreiche hochqualifizierte Techniker benötigt. Es hätte also nur eine Verlagerung des Personals von „draußen nach drinnen“ stattgefunden. Allein auf dem Abschnitt Landwasser – Siegesdenkmal wären rund 33.000 Wartungseinheiten (Räder, Weichen, Türantriebe, Heizung, Motoren, etc.) zu pflegen gewesen, dagegen ständen lediglich 3.000 Einheiten im gesamten Bus- und Straßenbahn-Netz. Dazu kämen die hohen Stromkosten für das CAT-System.

Die Diskussion um die Stadtbahn ging weiter. Im September 1971 beschloß der Gemeinderat die Hochlage der Stadtbahn mit einem Brückenbauwerk über die Bismarckallee, den Hauptbahnhof und die Eschholzstraße. Diese Wahl für die „Stelzenlösung“ heizte die Diskussion erneut an und der Gemeinderat besichtigte aus Vergleichsgründen die Hochbahn-Strecke der Verkehrs-AG Nürnberg im Bereich der Stadtgrenze zu Fürth. Da sich zwischenzeitlich unter den Anwohnern des Stühlinger Widerstände gegen die Hochlage bemerkbar machte, kam es zu neuen Beratungen im Gemeinderat. Ins Gespräch war als neue Variante die Führung der Straßenbahn zunächst über die Breisacher Straße und Fehrenbachallee gekommen. Man wollte damit das schwierige Stück mit der Frage, Hoch- oder Tieflage im Bereich des Hauptbahnhofes erneut prüfen und erst zu einem späteren Zeitpunkt verwirklichen. Der 8. Mai 1973 brachte dann die Entscheidung, die Stadtbahn in Tieflage im Bereich des Hauptbahnhofes, der Eschholzstraße und des Rotteckringes zu führen.

In einer Sitzung vom 15. August 1973 hatten sich die Vertreter des Bundesverkehrsministeriums bei einer Besprechung in Freiburg ebenfalls dahingehend geäußert, daß man zwischenzeitlich doch die Stadtbahn von Landwasser bis zur Fehrenbachallee bauen und den Anschluß an das vorhandene Netz über den Friedrich-Ebert-Platz oder die Breisacherallee herstellen sollte. Das kostenintensive Zwischenstück sollte erst später in Angriff genommen werden. Der Vorschlag fand jedoch wegen der langen Reisezeit wenig Gegenliebe.

In der Zwischenheit hatte sich in der Bevölkerungsstruktur jedoch ein entscheidender Wandel vollzogen. Wie in allen anderen Städten ging auch in Freiburg das Wachstum der Bevölkerung zurück. Dies führte dazu, daß Bund und Land von der Verkehrs-AG eine Wirtschaftlichkeitsberechnung verlangten. Damit sollte geprüft werden, ob nicht doch der endgültige Verzicht auf die Straßenbahn und der Übergang zu einem kompletten Busverkehr die wirtschaftlichere Lösung sei. Freiburg wurde dazu ausersehen, an den neu geschaffenen Bewertungskriterien für den Bau von Stadtbahnlinien teilzunehmen. Da jedoch die Zeit für eine Entscheidung drängte, mußte ein Gutachten bei einem Wirtschaftsberatungsunternehmen in Auftrag gegeben werden, ohne das endgültige Vorliegen der neuen Bewertungskriterien abwarten zu müssen. Dieses Gutachten kam zu dem Schluß, daß in Freiburg der Stadtbahn-Betrieb sinnvoll wäre und gegenüber dem Busbetrieb auch Einsparungen möglich seien.

Inzwischen waren die geschätzten Kosten für das Projekt auf 118,5 Mio DM angestiegen; dies allein an Baukosten ohne den dazugehörigen Fahrzeugpark. Bei einer erneuten Besprechung mit Vertretern des Bundesverkehrsministeriums und des entsprechenden baden-württembergischen Landesministeriums wurde im Oktober 1975 eine Reduzierung der Kosten auf 90 Mio DM gefordert, da infolge von finanziellen Engpässen bei allen geförderten Projekten Reduzierungen vorgenommen werden mußten. Diese Einsparungen sollten durch den Verzicht auf die Untertunnelung der Eschholzstraße und des Rotteckringes erreicht werden. Statt dessen sollte hier die Bahn ebenerdig mit einer Signalisierung verlaufen.

Die jetzt noch vorgesehene Tieflage am Hauptbahnhof hätte zwei Rampen notwendig gemacht. Dies hätte enorme Auswirkungen auf die Gestal-

Wo die Bahnen im Sommer über frisches Grün gleiten, wirbeln sie im Winter Schnee auf. Die Aufnahme entstand kurz vor der Einfahrt des Wagens in die Haltestelle Runzmattenweg

Blick auf die Stadtbahntrasse. Von der Innenstadt her steigt sie zur Überquerung der Bahnanlagen auf und schwingt dann in Richtung Stühlinger wieder hinab

tung der Umgebung gehabt. Bei einer erneuten Überprüfung des Projektes kam man dazu, statt der Tunnelstrecke eine Überquerung der Bahnanlagen vorzunehmen. Zwar wurden wiederum Bedenken von Stühlinger Bürgern laut, diese konnten jedoch durch ein Abrücken der Trasse von der Bebauung ausgeräumt werden. So war nun endlich der Beginn der Arbeiten möglich. Am 17. März 1978 erfolgte der erste Spatenstich.

Am 9. Dezember 1983 war es dann soweit: Die erste Teilstrecke der Stadtbahn wurde eröffnet und damit nach 55 Jahren das Schienennetz der Freiburger Verkehrs-AG wieder erweitert. Mit vier großen Brückenbauwerken ist die Überquerung des Hauptbahnhofes (322 m), der Güterbahn (20 m), der Berliner Allee (219 m) und der Paduaallee (50 m) problemlos möglich. Weitere sechs Straßen, darunter der Rotteckring und die Eschholzstraße, werden ebenerdig, gesichert mit Signalanlagen, überquert. Mittels eines VAG-eigenen Verkehrsrechners, der in dem Gebäude an der Wendeschleife Paduaallee untergebracht ist, werden die Signalanlagen verkehrsabhängig nach induktiver Anmeldung der Schienenfahrzeuge gesteuert. So zeigen die Signale der Stadtbahn größtenteils „Freie Fahrt". Teilweise wird die Wartezeit vor einem Signal durch Geschwindigkeitsvorgaben minimiert. Eine Besonderheit bildet der Rasenbahnkörper. Er hat bis Paduaallee eine Länge von 2,5 km (von insgesamt 3,5 km) und nach dem Endausbau 4,2 km (von insgesamt 8,1 km). Neben dem angenehmen optischen Eindruck sorgt das Stadtbahngrün auch für eine erhebliche Minimierung der Fahrzeuggeräusche in den Wohngebieten.

Folgende Haltestellen wurden an der neuen Strecke eingerichtet: Hauptbahnhof, Eschholzstraße, Technisches Rathaus, Runzmattenweg, Am Bischofskreuz, Dietenbachstraße und Paduaallee. Befahren wird die Strecke von der neuen Linie „1". Sie entstand im Rahmen der Neubildung des Verkehrsnetzes und hat mit der bisherigen Nebenlinie 1 nichts gemeinsam. Das neue Linienkonzept sah so aus:

Linie 1:
Littenweiler – Bertoldsbrunnen – Hauptbahnhof – Paduaallee. Einsatz der neuen achtachsigen Stadtbahnwagen, Taktfolge montags bis freitags alle 6 Minuten, samstags alle 7/8 Minuten, sonntags alle 10 Minuten. Die Fahrzeit beträgt 23 Minuten (in der Hauptverkehrszeit). Die Linie umfaßt den Neubauabschnitt und die bisher von der Linie 4 befahrene Strecke nach Littenweiler.

Linie 2:
Günterstal – Bertoldsbrunnen – Zähringen. Wageneinsatz wie bisher GT 4. Taktfolge: montags bis freitags alle 12 Minuten, samstags alle 15/10 Minuten, sonntags alle 12 Minuten. Die Gesamtfahrzeit beträgt 22 Minuten. Die Linienführung blieb unverändert.

Linie 3:
Hornusstraße – Bertoldsbrunnen – Hauptbahnhof (Vorplatz) – Hornusstraße. Die Linie wird mit „Sputniks" und GT 4 befahren. Taktfolge: montags bis freitags alle 12 Minuten, samstags und sonntags alle 15 Minuten. Im Abendverkehr bedient die Linie nur den Abschnitt Hornusstraße – Hauptbahnhof – Bertoldsbrunnen, desgleichen an Sonntagen. Die Gesamtfahrzeit beträgt 24 Minuten.

Linie 4:
Hornusstraße – Bertoldsbrunnen – Lorettostraße – wird mit GT 4 befahren. Aus der einstigen Hauptlinie ist nun eine Nebenlinie zu den Linien 2 und 3 geworden. Auf dem südlichen Abschnitt ersetzt sie die frühere Linie 1, auf dem nörd lichen Abschnitt ergänzt sie die Linie 3. Die Taktfolge (die Linie wird nur in der Hauptverkehrszeit betrieben) beträgt 12 Minuten, die Fahrzeit 18 Minuten.

Für die Stadtbahn wurden zehn neue Straßenbahnwagen in Dienst gestellt. Dabei lehnte man sich aufgrund der guten Erfahrungen an die vier 1971 beschafften Fahrzeuge an. Im waggonbaulichen Teil weisen sie folgende (geringe) Unterschiede auf: die Wagenbreite beträgt 2,300 m statt 2,200 m. Dadurch wurde eine Änderung der Einstiegsverhältnisse möglich. Bisher mußte der Einstieg über drei Stufen bewältigt werden, dies bedeutete für ältere und gehbehinderte Bürger manche Kraftanstrengung. Jetzt konnten vier Stufen eingebaut und die einzelne Stufenhöhe damit entscheidend verringert werden. In dem mittleren und hinteren Wagenteil wurde die Sitzplatzanordnung geändert, um eine möglichst zweckmäßige räumliche Zuordnung der Elektrogeräte zu erreichen. Neu ist auch die Steuerung der Motoren. Sie ermöglicht ein sanftes Fahren und Bremsen und bietet die Möglichkeit, die beim Bremsen anfallende Energie ins Fahrleitungsnetz zurückzuspeisen, wodurch erhebliche Einsparungsmöglichkeiten gegeben sind. Äußerlich fielen die Wagen durch ihren neuen rot/weißen Anstrich auf, den nun nach und nach alle Freiburger Straßenbahnen und Busse erhalten. Auch bei der Finanzierung schlug die VAG neue Wege ein. Als erste bundesdeutsche Straßenbahnwagen wurden sie „geleast".

Aber auch das Buslinien-Netz wurde grundlegend neu geordnet. Zwar wurde untersucht, inwieweit der Bus nur noch als Zubringer zur Straßenbahn eingesetzt werden könnte, da jedoch für den Fahrgast unzumutbare Umsteigezeiten entstanden wären, wurde aus dieser Erkenntnis heraus versucht, die stark frequentierten Buslinien weiterhin möglichst direkt an- bzw. in die Stadtmitte einzubinden. Um zu einer besseren Linienübersicht zu kommen, ging man nach 52 Jahren von der Kennzeichnung mit Buchstaben auf die übliche Numerierung der Linien über:

Linie 11:
St. Georgen – Hauptbahnhof – Bertoldsbrunnen – Merzhausen (Verknüpfung der Linien A und C)

Linie 12:
Landwasser – Bertoldsbrunnen – Binzengrün (wie bisher Linie B)

Linie 13:
Laufener Straße – Siegesdenkmal (zum größten Teil wie bisher Linie G)

Linie 14:
Munzingen – Hauptbahnhof – Herdern (wie bisher Linie H, jedoch kleine Änderungen im Stühlinger)

Linie 15:
Zähringen – Industriegebiet – Wildtal (wie bisher Linie F)

Linie 16:
Zähringen – Gundelfingen (bisher Teil der Linie F)

Linie 17:
Littenweiler – Kappel (bisher Südteil der Linie L)

Linie 18:
Littenweiler – Ebnet (bisher Nordteil der Linie L)

Linie 19:
Lehen-Ziegelei – Paduaallee (bisher Teilabschnitt der Linie C)

Linie 21:
Günterstal – Horben (wie bisher Linie SB)

Linie 31:
Paduaallee – Oberrimsingen (Teil der bisherigen Linie J)

Linie 32:
Paduaallee – Waltershofen – Binzengrün (Teil der bisherigen Linie J der Firma Schwarz, weiter über Opfingen, Verknüpfung mit der bisherigen Linie G bis Binzengrün mit Änderung des Fahrweges)

Linie 33:
Paduaallee – Opfingen – Munzingen (neue Abend-Linie)

Linie 72:
Hauptbahnhof – Hochdorf (betrieben von der Deutschen Bundesbahn)

Im Herbst 1984 wurde zwischen der Hornusstraße und dem Industriegebiet Hochdorf eine direkte Buslinie (Liniennummer 73) eingerichtet. Bereits ein Jahr darauf ging sie in der neuen Außenlinie 36 auf.

Am 14. August 1985 wurde der zweite Teilabschnitt der Stadtbahn eröffnet. Die 2,2 km lange Neubaustrecke nach Landwasser schließt dabei an die bisherige Endstation Paduaallee an und führt Richtung Nordost in Seitenlage neben der Westrandstraße (Schnellstraße) und einem angrenzenden Wald bis vor die querende, nach Landwasser führende Elsässer Straße. Etwa in der Mitte der geraden Strecke liegt die Station Moosgrund. Im Anschluß verläuft die Trasse in einem großen Bogen durch den Wald zur Elsässer Straße. An der Nordseite der Haltestelle Diakoniekrankenhaus wird eine Seitenstraße mit einer zugbeeinflußten Signalanlage gekreuzt. An der Endstelle Moosgrund wurden ein Gleiswechsel und ein Überholgleis eingerichtet.

Desweiteren wurde ein Stichstrecke zur Schleife Bissierstraße eröffnet. Sie zweigt hinter der Haltestelle Runzmattenweg von der Rampe der Weststrecke über die Berliner Allee beidseitig ab und ermöglicht damit ein kreuzungsfreies Aus- bzw. Einfädeln. Die Wendeschleife wird im Uhrzeigersinn befahren und hat in der Geraden vor der Wendekurve ihren Ankunftsbahnsteig.

Befahren werden die Neubau-Strecken von der Linie 1 – jetzt Landwasser – Littenweiler – sowie

Die Entwicklung des Schienennetzes in Freiburg

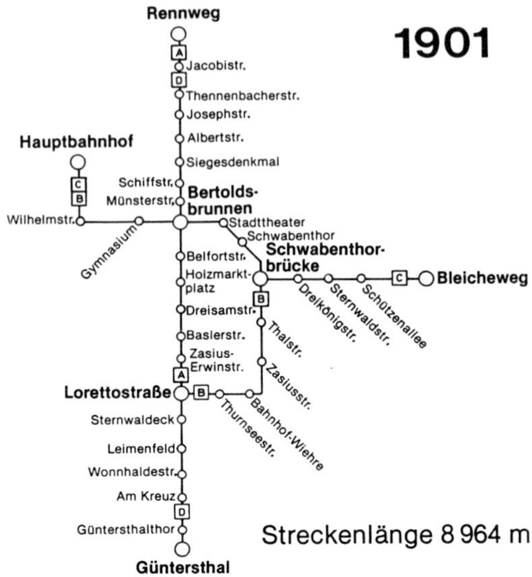

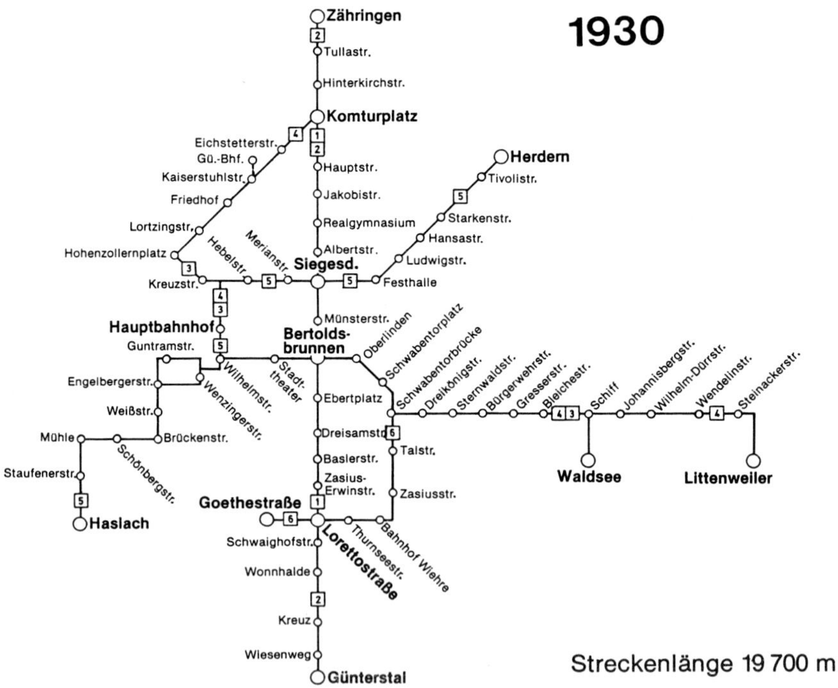

1983

Streckenlänge 14 200 m

1987

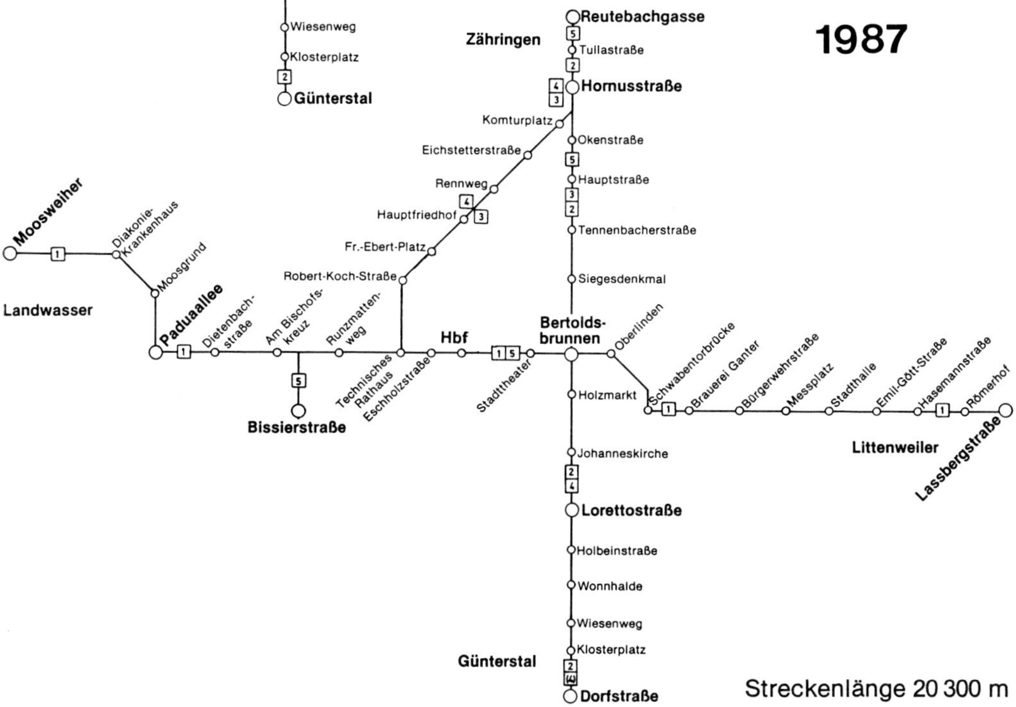

Streckenlänge 20 300 m

von der neuen Linie „5". Sie führt von der Bissierstraße über Hauptbahnhof und Bertoldsbrunnen nach Zähringen.

Für den Busverkehr bedeutete die Eröffnung wieder einschneidende Veränderungen: Die im Raum Moosgrund „arbeitslos" gewordene Linie 12 wurde von der Hofackerstraße aus zur Paduaallee und nach Lehen-Ziegelei geführt. Auf dem letztgenannten Abschnitt übernahm sie die Aufgaben der eingestellten Linie 19. Im Süden wurde die 12 darüber hinaus von Binzengrün zur Endstelle Bissierstraße der Linie 5 verlängert. Mit der neuen Linie 34 wurde eine Außen-Verbindung von Munzingen (als Ersatz für die bis zum Eugen-Keidel-Bad zurückgenommene Linie 14) über Bissierstraße, Schillhof zum Gewerbegebiet Nord geschaffen. Aufgehoben wurden die Abend-Linie 33 sowie die durchgehende Linie 72 vom Hauptbahnhof nach Hochdorf. Dieser Stadtteil wird jetzt von der neuen Linie 36, die an die Stadtbahn an der Haltestelle Moosweiher anknüpft, erschlossen.

Abgeschlossen werden konnte das Stadtbahn-Projekt mit der Eröffnung der Verbindung Technisches Rathaus – Friedrich-Ebert-Platz am 28. September 1986. Sie ersetzt die alten Gleise über den Bahnhofsvorplatz und dient insbesondere einer besseren Anbindung der Uni-Kliniken. Damit sind nun die Linien 1, 3, 4 und 5 über die gemeinsame Haltestelle Hauptbahnhof direkt mit dem Schienenverkehr der Deutschen Bundesbahn verknüpft. Aufgrund von Fahrgastprotesten aus dem Bereich Munzingen/ Tiengen sowie des Wunsches der dortigen Ortsverwaltungen wurde die Linie 34 in der bisherigen Linienführung aufgehoben. Sie verbindet jetzt das Eugen-Keidel-Bad mit der Bissierstraße. Nach Munzingen fährt wieder die Linie 14. In Herdern wurde diese Linie probeweise (für eine Fahrplanperiode) von der bisherigen Endstelle Richard-Strauß-Straße zur Händelstraße verlängert. Und die Aufgabe der Querverbindung von Binzengrün zum Industriegebiet Nord übernahm die Linie 12, die sich damit also am Schillhof selbst kreuzt.

Insgesamt wurden für die beiden ersten Stadtbahn-Bauabschnitte rund 73 Mio DM, für den dritten Abschnitt etwa 14 Mio DM aufgewendet. 60 % der gesamten Baukosten übernahm die Bundesregierung, weitere 25 % steuerte die Landesregierung von Baden-Württemberg zinzu. Die maximale Steigung beträgt 6 % (Westrampe der Bahnhofs-Brücke), der Mindestradius liegt bei 25 m (an den Endstellen). Von den 27 Weichen sind acht elektrisch gesteuert; verlegt wurden 10.400 m Hochkettenfahrleitungsdraht auf 250 Masten. Die Stromeinspeisung erfolgt von fünf Unterwerken aus, davon weisen drei eine Leistung von 1000 A und je zwei eine Leistung von 1500 A auf. Bei einer Höchstgeschwindigkeit von 70 km/h beträgt die Reisegeschwindigkeit 25 km/h. Fahrplanmäßig wird die Strecke von Landwasser bis in die Innenstadt in 14 Minuten durchfahren, der Bus brauchte mindestens 23 Minuten, da Stauungen nicht selten zu einer beträchtlichen Verlängerung der Reisezeit führten.

Wie richtig die Entscheidung für den Bau der Strecke war, zeigte sich bereits einige Wochen nach Eröffnung der ersten Teilstrecke: Gegenüber der Busverbindung konnten etwa 25 % mehr Fahrgäste beobachtet werden. Um auch Autofahrer zum Umsteigenauf die Stadtbahn zu bewegen, wurden an den End- bzw. Zwischenschleifen Park-and-Ride-Plätze angelegt. An der Bissierstraße stehen 200 Stellplätze und in Moosweiher 130 Abstellmöglichkeiten kostenlos zur Verfügung.

Überlagert wurde die Aufwärtsentwicklung der Fahrgastzahlen durch die Einführung eines neuen Fahrausweises, der „Umweltschutzkarte". Freiburg spielte hier eine Vorreiterrolle für die Bundesrepublik Deutschland. Viele andere Städte sind dem Beispiel inzwischen gefolgt. Mit der Idee der „Umweltschutzkarte" werden folgende Ziele verfolgt: Durch eine starke Herabsetzung des Preises sollen möglichst viele Autofahrer zum Umsteigen auf öffentliche Verkehrsmittel bewegt und damit die Beeinträchtigungen der Umwelt verringert werden. Welche negativen Einflüsse die Luftverschmutzung hat, zeigte sich gerade vor den Toren der Stadt: am Baumbestand des

Blick vom Schloßberg auf das Schwabentor, unter dem gerade ein Stadtbahnwagen in Richtung Littenweiler hindurchfährt

INSELBRAUEREI
Feierling
Feierling
Feierling
Feierling
GAST

Schwarzwaldes. Neben dem rabattierten Preis – Fahrgäste müssen nur noch 38 DM statt zuvor 51 DM zahlen – weist die Karte eine weitere Besonderheit auf, die „Übertragbarkeit". Dies bedeutet, daß nicht nur eine Person mit ihr fahren, sondern die Karte an eine beliebige Person weiter gereicht werden kann. Fährt morgens das Familienoberhaupt mit ihr zur Arbeit, so können abends die Kinder damit ins Kino fahren.

Nach Ablauf des „Probejahres" im Oktober 1985 konnte folgendes Fazit gezogen werden:

1. Die Fahrgastzahlen sind erheblich angestiegen. Je nach Ansatz der Fahrtenhäufigkeit der Umweltschutzkarte (70 oder 90 Fahrten pro Monat) betrug die Zuwachsrate 12 % bis 23 %.

2. Eine reale Verminderung der Umweltbelastung konnte zwar nicht gemessen werden, aber man geht davon aus, daß etwa 3.000 bis 4.000 Autofahrer ihr Fahrzeug stehen ließen und auf die öffentlichen Verkehrsmittel umstiegen.

3. Durch die Einführung der neuen stark ermäßigten Karten hat sich keine Verringerung der Einnahmen aus dem Fahrscheinverkauf ergeben. Es wurde sogar ein Plus von 50.000 DM erzielt. Außerdem wurden etwa 110.000 DM höhere Ausgleichszahlungen der öffentlichen Hand für die verbilligten Schülerkarten erzielt. Gleichzeitig konnten die Kosten für das Verkehrsangebot im wesentlichen konstant gehalten werden.

4. Die neuen Fahrausweise wurden in hohem Maße von der Bevölkerung akzeptiert. Mit zunehmender Entfernung des Stadtbezirkes zum Stadtzentrum stieg das Interesse weiter an. In den westlich der Bundesbahn-Linie gelegenen Stadtteilen ist bei gleicher Entfernung zum Zentrum im Gegensatz zu anderen Stadtteilen eine noch höhere Akzeptanz erzielt worden. Bei gleicher Entfernung war das Interesse besonders groß, wenn das Wohngebiet im Einzugsbereich einer günstigen Straßenbahnverbindung lag.

5. Erwartungsgemäß ist die Nachfrage nach den „alten" Zeitkarten, die weiterhin angeboten wurden, deutlich zurückgegangen. Die Möglichkeit der Übertragung auf andere Personen hat keine unkalkulierbare Situation entstehen lassen. Etwa 11 % aller Fahrten wurden mit einer geliehenen Karte durchgeführt.

6. Die Mobilisierungseffekte sind beachtlich. Rund ein Fünftel derjenigen, die mit einer Umweltschutzkarte fahren, haben vorher Bahnen und Busse nicht benutzt. Das entspricht einer Zuwachsrate von rund 15 %.

Die positive Entwicklung des Fahrgastaufkommens hielt auch in den nächsten Jahren weiter an. Befördert wurden

1983: 31,3 Mio Fahrgäste1984: 33,2 Mio Fahrgäste (1. Oktober Einführung der Umweltschutzkarten)1985: 39,5 Mio Fahrgäste1986: 42,2 Mio Fahrgäste (einschließlich der Fahrgäste zur Landesgartenschau 1986).

Wurden zunächst nur Umwelt-Monatskarten für Erwachsene und Auszubildende/Schüler angeboten, umfaßt das Zeitkartenangebot nun folgende Möglichkeiten:

UK 1: übertragbare Monatskarte für Erwachsene für 38 DM; UK 2: nicht übertragbare Monatskarten für Auszubildende für 32 DM; UK 3: übertragbare Jahreskarte für Erwachsene bei monatlicher Ratenzahlung 417,60 DM; UK 4: übertragbare Jahreskarte für Erwachsene bei einmaliger Barzahlung 380 DM; UK 5: nicht übertragbare Jahreskarte für Auszubildende bei Ratenzahlung 352 DM; UK 6: nicht übertragbare Jahreskarte für Auszubildende bei Barzahlung 320 DM.

Freiburg 2000: Der Stadtbahnbau geht weiter

Mit der Eröffnung der Stadtbahn nach Landwasser sind die Ausbaupläne in Freiburg jedoch noch nicht zum Ende gekommen. Weitere Stadtteile mit hoher Einwohnerzahl und zahlreichen Arbeitsplätzen sollen künftig ebenfalls Anschluß an die Stadtbahn erhalten und damit „aufgewertet" werden. Geplant sind daher folgende Erweiterungen:

1. Der Anschluß von St. Georgen und Weingarten
2. Die Anbindung von Gundelfingen
3. Die Verlängerung von der Lassbergstraße bis zur Kappler Straße auf der neuen Bundesstraße B 31.

Im Einzugsbereich der künftigen Linien nach Weingarten und St. Georgen (jeweils 600 m kreisförmig um die geplanten Haltestellen) wohnen derzeit rund 37.800 Bürger, etwa 13.050 Arbeitsplätze sind vorhanden. Die beiden Linienäste verlaufen: 1. längs der Berliner Allee über Weingarten – Binzengrün – Betriebshof West parallel zur Westrandstraße bis nach St. Georgen Zentralfriedhof und 2. von der Johanneskirche längs Basler/Carl- Kistner-Straße nach Haslach-Weingarten zur Verknüpfung mit der vorgenannten Linie. Dabei hat aus rechtlichen, bautechnischen und finanziellen Gründen der erste Abschnitt zwischen der Wendeschleife Bissierstraße und der geplanten Wendeschleife Haid – mit Anschluß an den Betriebshof West an das Schienennetz – Priorität: Bereits in diesem Abschnitt werden rund 14.000 Einwohner und 4.000 Arbeitsplätze angeschlossen. Und aus betrieblichen und wirtschaftlichen Gründen ist bei gleichzeitigem Ausbau eine Anbindung des Betriebshofes West an das Stadtbahn-Netz möglich. Dieser ist ja bereits für die Aufnahme des Schienenbetriebes vorbereitet.

Die einzelnen Bauabschnitte gliedern sich wie folgt: (I) Bissierstraße – Weingarten – Betriebshof West mit Wendeschleife im Bereich der Munzinger Straße, (II) Johanneskirche – Basler Straße – Carl-Kistner-Straße – Opfinger Straße und (III) Wendeschleife aus Bauabschnitt I – Friedhof St. Georgen. Nach dem Stand 1985 wird mit folgenden Kosten gerechnet: für die Stufe I mit 37 Mio DM, für die Stufe II mit 70 Mio DM und für die Stufe III mit 15,5 Mio DM – zusammen 122,5 Mio DM.

Nach Fertigstellung dieser Bauabschnitte sind rund 76 % der Einwohner und etwa 80 % der Arbeitsplätze der Stadt Freiburg direkt an die Stadtbahn angeschlossen. Zusätzlich können die Randgemeinden, die von ihrer Lage und Bevölkerungskonstellation nicht zur Erschließung durch ein schienengebundenes Verkehrssystem geeignet sind, mit Busverkehr an den Endstellen des Stadtbahn-Netzes angeschlossen werden, wie dies bereits mit Erfolg an den Haltestellen Lehen, Moosweiher und Bissierstraße praktiziert wird.

Die Gemeinde Gundelfingen prüft zur Zeit die Möglichkeiten der Trassenführung für eine Verlängerung der in Zähringen endenden Straßenbahn-Strecke. Diese Verlängerung würde in Zähringen-Nord rund 1.500 Einwohner, im Bereich des Industriegebietes Brühl etwa 5.000 Arbeitsplätze und in Teilen von Gundelfingen rund 5.000 Einwohner und 2.000 Arbeitsplätze an die Schienenstrecke anbinden. Für die Verkehrs-AG hätte die Verlängerung den Vorteil, daß an deren Ende eine Wendeschleife gebaut werden könnte und damit der Einsatz von Einrichtungswagen möglich wäre.

Neben der Netzerweiterung strebt die Verkehrs-AG aber auch den Ausbau des vorhandenden Schienennetzes an. Dies geschieht insbesondere vor dem Hintergrund einer Anhebung der Reisegeschwindigkeit. Als Maßnahmen kämen hierfür in Betracht: nachträgliche Herstellung von eigenen Gleiskörpern (z.B. Schwarzwaldstraße zwischen Bürgerwehr- und Gresserstraße sowie in der Zähringerstraße) sowie die weitergehende Bevorrechtigung des öffentlichen Nahverkehrs an Lichtsignalanlagen. Zwar können hierdurch auch Benachteiligungen für den Autoverkehr eintreten, im Interesse eines attraktiven öffentlichen Nahverkehrs sollten diese aber hingenommen werden.

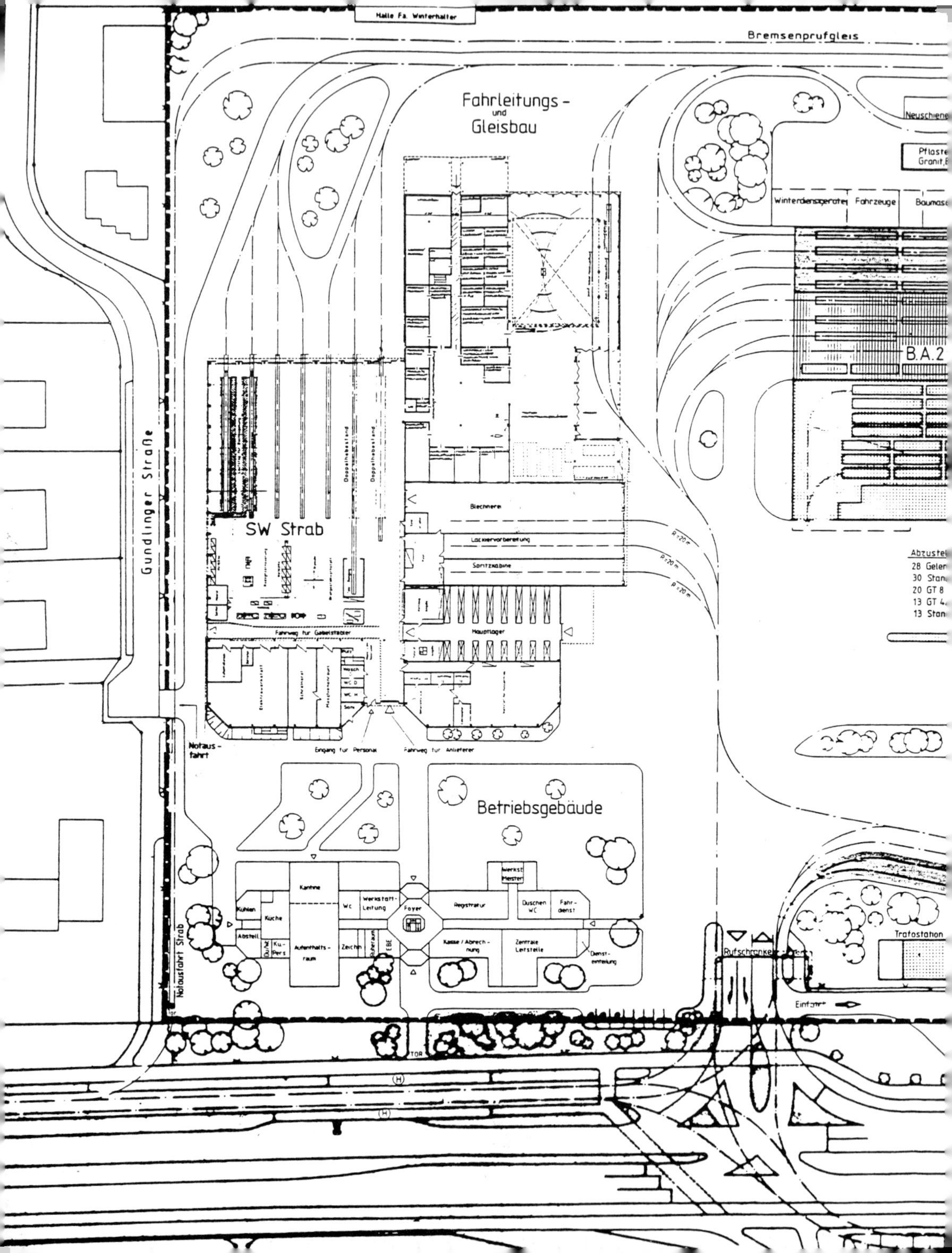

Halle Fa. Winterhalter
Bremsenprufgleis
Fahrleitungs- und Gleisbau
Neuschiene
Pflaster Granit
Winterdienstgeräte
Fahrzeuge
Baumas
B.A.2
Gundlinger Straße
SW Strab
Doppelhebestand
Doppelhebestand
Blechnerei
Lackiervorbereitung
Spritzkabine
Hauptlager
Fahrweg für Gabelstapler
R=20 m
R=20 m
R=20 m
Abzustel
28 Gelen
30 Stan
20 GT 8
13 GT 4
13 Stan
Notaus-fahrt
Eingang für Personal
Fahrweg für Anlieferer
Betriebsgebäude
Kantine
Küche
Kühlen
Abstell
Aufenthalts-raum
WC
Werkstatt-Leitung
Foyer
Zeichn
EBE
Registratur
Werkst Meister
Duschen WC
Fahr-dienst
Kasse / Abrech-nung
Zentrale Leitstelle
Dienst-einteilung
Notausfahrt Strab
Tor
TOR
Rufschranke
Trafostation
Einfahrt

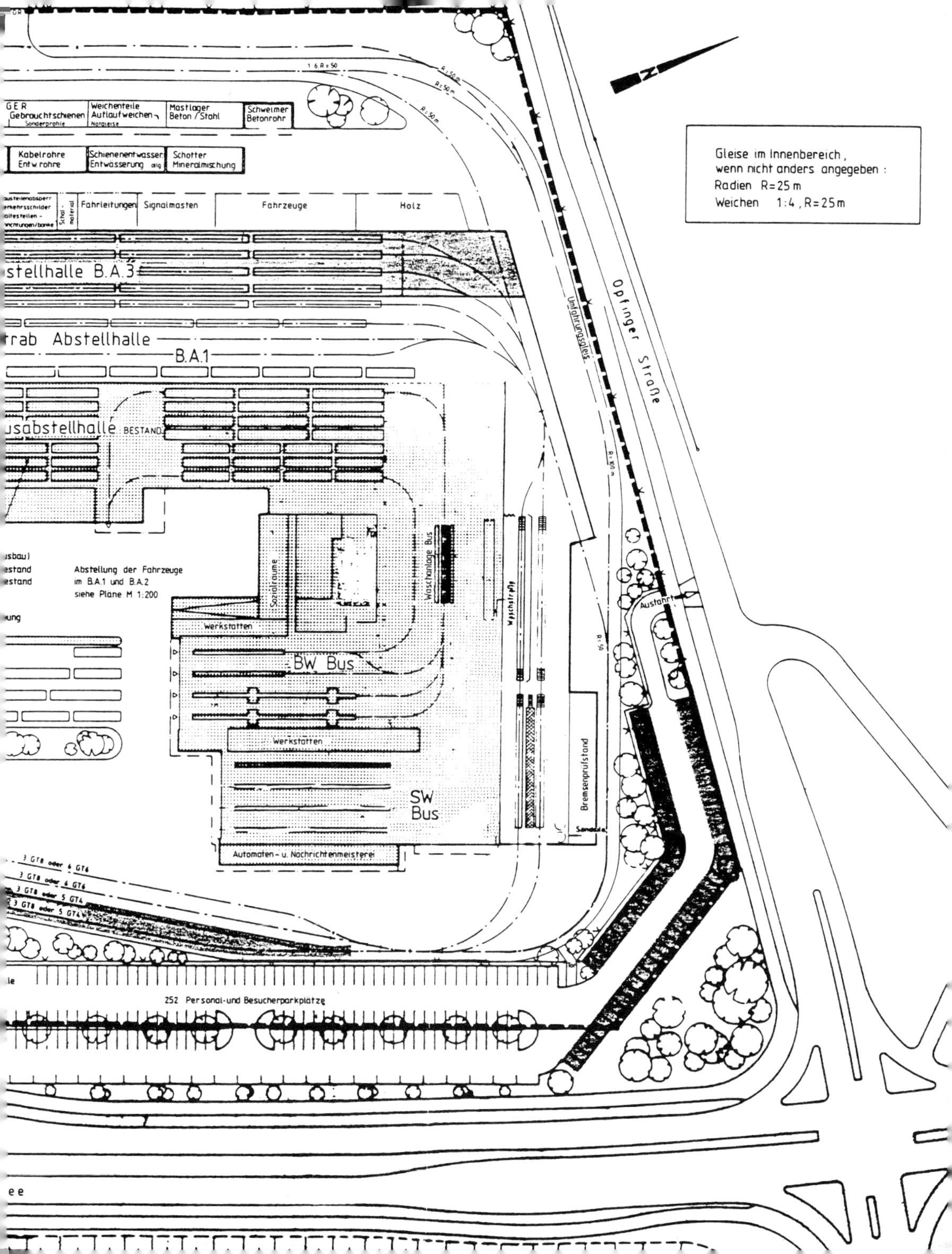
GER
Gebrauchtschienen
Sonderprofile
Weichenteile
Auflaufweichen
Notgleise
Mastlager
Beton / Stahl
Schwelmer
Betonrohr
Kabelrohre
Entw.rohre
Schienenentwässer.
Entwässerung allg.
Schotter
Mineralmischung
Schal-material
Fahrleitungen
Signalmasten
Fahrzeuge
Holz
stellhalle B.A.3
trab Abstellhalle
B.A.1
usabstellhalle BESTAND
Sozialräume
Waschanlage Bus
Werkstätten
BW Bus
Werkstätten
SW Bus
Automaten- u. Nachrichtenmeisterei
Bremsenprüfstand
Umfahrungsgleis
Opfinger Straße
Ausfahrt
Abstellung der Fahrzeuge
im B.A.1 und B.A.2
siehe Pläne M 1:200
3 GT8 oder 6 GT6
3 GT8 oder 6 GT6
3 GT8 oder 5 GT4
3 GT8 oder 5 GT4
252 Personal-und Besucherparkplätze
Gleise im Innenbereich,
wenn nicht anders angegeben:
Radien R=25 m
Weichen 1:4, R=25m

Verkehrsgemeinschaft Freiburg: Verknüpfung mit dem Umland

Der Ausbau des Nahverkehrsnetzes in Freiburg sollte aber nicht nur den Einwohnern der Münsterstadt zugute kommen. Freiburg ist das tägliche Ziel vieler tausend Pendler, die hier ihren Arbeitsplatz haben oder zur Schule gehen. Diese Fahrgäste mußten bisher zwei oder noch mehr verschiedene Fahrausweise erwerben, der Preis erreichte zusammengerechnet eine nicht unbeträchtliche Höhe. Am 1. Januar 1985 wurde daher die „Verkehrsgemeinschaft Freiburg" gegründet, die das Ziel hat, zum Nutzen der Bevölkerung eine bestmögliche und wirtschaftliche Bedienung des öffentlichen Nahverkehrs zu erwirken. Zwölf Gründungsmitglieder hatte die Gemeinschaft, im Januar 1986 kamen zwei und im Frühjahr ein weiteres Privatunternehmen hinzu. Für die Fahrgäste bedeutet die Verkehrsgemeinschaft spürbare Verbesserungen in Form von Fahrpreisermäßigungen. Angeboten werden von der Gemeinschaft, der neben der Freiburger Verkehrs-AG, der Deutschen Bundesbahn, dem Geschäftsbereich Bahnbus und der Südwestdeutschen Verkehrs- AG elf private Omnibusunternehmen angehören, folgende Fahrausweise:

- Kombikarte Freiburg-Umland
- Breisgaukarte
- Kombikarte für den Ausbildungsverkehr
- Umweltpunktekarte
- Anschlußkarte zur Umweltpunktekarte

Ältester Verkehrsbetrieb in der Verkehrsgemeinschaft ist natürlich die Eisenbahn. Am 31. Juli 1845 wurde die „Hauptlinie" der Badischen Staatseisenbahnen von Offenburg bis Freiburg verlängert. Abweichend von der überwiegenden Zahl der anderen deutschen Eisenbahnen war die Strecke in der sogenannten „Breitspur" mit 1,600 m verlegt. Breitspurig sind alle diejenigen Strekken, deren Gleise mehr als 1,435 m auseinander liegen. Die Spurbreite von 1,435 m – sie basiert auf englischen Maßen – wird als „Normalspur" bezeichnet. Da jedoch in Deutschland die Normalspur allgemein üblich war, entschlossen sich die Staatseisenbahnen gegen Ende der 40er Jahre des vorigen Jahrhunderts zu einem Umbau. Bereits zwei Jahre später wurde die Strecke verlängert, am 1. Juni 1847 bis Müllheim und am 14. Juni bis Schliengen. Am 8. November 1848 wurde Efringen und am 20. Januar 1851 Haltingen erreicht. Nach Basel konnte man ab 20. Februar 1855 reisen.

Am 15. September 1871 wurde von Freiburg aus die erste Nebenstrecke gebaut: die 22,5 km lange Strecke nach Altbreisach. Sieben Jahre später, am 5. Januar 1878 wurde der Anschluß über den Rhein nach Colmar fertiggestellt. Zu den technischen Glanzleistungen des vergangenen Jahrhunderts gehört die Höllentalbahn. Sie wurde am 23. Mai 1887eröffnet. Zur Überwindung der starken Steigungen wurde die Bahn zwischen Hirschsprung und Hinterzarten als Zahnradbahn gebaut. Am 1. Januar 1875 wurde der erste Abschnitt der Elztalbahn von Denzlingen nach Waldkirch eröffnet. Den Endpunkt Elzach erreichte sie am 20. August 1901. Im Zuge der Hauptstrecke Freiburg – Donaueschingen wurde am 26. September 1907 die Zweigstrecke von Kappel über Lenzkirch nach Bonndorf eröffnet. Mit Ausnahme der Strecken ins Elsaß (die Rheinbrücke wurde im Januar 1945 von den deutschen Truppen gesprengt und danach nicht wieder aufgebaut) und nach Bonndorf (die Strecke wurde am 31. Dezember 1976 für den Gesamtverkehr eingestellt und anschließend abgebaut) werden alle übrigen Strecken noch von Personen- und Güterzügen bedient.

Den Freiburger Hauptbahnhof bedient jedoch nicht nur die Deutsche Bundesbahn. Seit einigen Jahren verkehren auch einzelne Züge der „Kaiserstuhlbahn" und der „Münstertalbahn" in die südbadische Metropole. Sie gehören der „Südwestdeutschen Verkehrs- AG" (bis vor wenigen Jahren noch Südwestdeutsche Eisenbahn AG), deren Eigentümerin das Land Baden-Württemberg ist. Die Kaiserstuhlbahn wurde am 15. Dezember

Zu der Verkehrsgemeinschaft Freiburg gehören auch die Bahn- und Buslinien der Südwestdeutschen Verkehrs-AG. Das obere Bild aus dem Jahre 1936 zeigt einen alten Dieseltriebwagen der Kaiserstuhlbahn. Heute präsentiert sich die Bahn mit neuen Fahrzeugen, die in Zusammenarbeit mit anderen Nebenbahn-Betrieben entwickelt wurden. Der Zug steht im Freiburger Hauptbahnhof abfahrbereit in Richtung Bahlingen

Zu den Bildern auf Seite 121: Der Freiburger Busbahnhof in den fünfziger Jahren. Heute ist dieser Blick durch die Stadtbahnbrücke verbaut. In Badenweiler entstand auf dem Gelände der ehemaligen Kleinbahn nach Müllheim ein Busbahnhof für die Linien der SWEG

Die Linien der Verkehrsgemeinschaft Freiburg

Stand: 27. August 1986

Freiburger Verkehrs AG

1	Littenweiler	— Landwasser
2	Günterstal	— Zähringen
3	Hornusstraße	— Hbf — Hornusstraße
4	Hornusstraße	— Lorettostraße (— Günterstal)
5	Zähringen	— Bissierstraße
11	Au	— St. Georgen
12	(Lehen/Ziegelei)	— Paduaallee — Weingarten
13	Laufener Straße	— Siegesdenkmal
14	Herdern	— Eugen-Keidel-Bad — Tiengen — Munzingen (Mengen)
15	Hornusstraße	— Gundelfingen — Hornusstraße
16	Hornusstraße	— Gundelfingen/Waldstraße
17	Littenweiler	— Kappel
18	Ebnet	— Littenweiler
21	Günterstal	— Horben
31	Paduaallee	— Niederrimsingen
32	Paduaallee — Opfingen	— Bissierstraße
34	Bissierstraße	— Eugen-Keidel-Bad
36	Landwasser	— Gewerbegebiet Hochdorf

Südwestdeutsche Verkehrs AG

101	Endingen	— Gottenheim (724)
102	Breisach	— Riegel (723)
103	Jechtingen	— Bötzingen (— Freiburg i. Br. Hbf.)
104	Schelingen	— Achkarren (— Breisach)
105	Wyhl	— Emmendingen
106	Endingen	— Kenzingen
107	Leiselheim	— Endingen
111	Grißheim/Steinenstadt	— Neuenweg Haldenhof
112	Badenweiler	— Badenweiler
113	Bad Krozingen	— Sulzburg — Ober-/Untermünstertal (719)
116	Herbolzheim	— Nordweil

Omnibusbetrieb Karl Binninger

201	Nimburg	— Freiburg
202	Vörstetten	— Emmendingen
203	Schupfholz	— Denzlingen

Omnibusbetrieb Emil Herr

211	Emmendingen	— Freiamt

Omnibus-GmbH Werner Hummel

221	Wagensteig	— Freiburg Hbf.
222	Falkensteig	— Kirchzarten (— Freiburg — Littenweiler)

Heinrich Oestreicher

231	Emmendingen	— Sexau — Freiamt

Omnibus-Rast

241	Bremgarten	— Freiburg Hbf.
242	Bremgarten	— Bad Krozingen Bf.
243	Bremgarten	— Breisach

Heinrich Schwarz GmbH & Co.

31	Ober-/Niederrimsingen	— Paduaallee
251	Gündlingen	— Breisach/Richard-Müller-Straße

Will, Markgräfler Reisen

261	Müllheim	— Sulzburg — Heitersheim — Müllheim (Ringlinie Nord)
264	Müllheim	— Schliengen — Obereggenen — Kandern — Müllheim (Ringlinie Süd)
266	Müllheim	— Schliengen — Bad Bellingen (Bäderlinie)

Transport- und Reiseunternehmen Winterhalter

271	Zastler Mederlehof	— Freiburg (Lassbergstraße)
272	Hofsgrund	— Freiburg (Lassbergstraße)

Rist-Reisen

281	Kenzingen	— Bleichheim — Nordweil — Kenzingen

Omnibus-Reisebüro Soyka

291	Emmendingen	— Waldkirch

Deutsche Bundesbahn, Karlsruhe

700	Mannheim	— Heidelberg — Karlsruhe — Freiburg — Basel
718	Elzach	— Denzlingen — Freiburg Hbf.
725	Breisach	— Freiburg Hbf.
727	Freiburg Hbf.	— Neustadt — Donaueschingen
728	Titisee	— Seebrugg

Geschäftsbereich Bahnbus Südbaden

1066	Freiburg Hbf.	— Schramberg
1072	Freiburg Hbf.	— Müllheim Neuenburg — Mulhouse
7200	Freiburg Hbf.	— Herbolzheim/Sexau — Lahr/Rust
7205	Freiburg Hbf.	— Glottertal — Kandel
7206	Freiburg Hbf.	— Elzach
7207	Stadtverkehr Waldkirch	
7208	Freiburg Hbf.	— Bad Krozingen Bf.
7209	Freiburg Hbf.	— Stegen-Eschbach
7211	Freiburg Hbf.	— Breisach Kupfertorplatz — Colmar
7215	Freiburg Hbf.	— Todtnau — Schönau/Todtmoos
7216	Freiburg Hbf.	— St. Märgen — Hinterzarten Bf.
7240	Freiburg Hbf.	— Bad Krozingen — Müllheim
7256	Freiburg Hbf.	— Titisee — Neustadt Bf.
7257	Neustadt Bf.	— Seebrugg Bf.
7258	Neustadt Bf.	— Bonndorf Rathaus
7259	Neustadt Bf.	— Donaueschingen Bf.
7261	Neustadt Bf.	— St. Märgen Post
7262	T. N., Neustadt	— Friedenweiler — Furtwangen — T. N., Neustadt
7272	Freiburg Hbf.	— Furtwangen
7274	Elzach Bf.	— Elzach Oberprechtal (— Triburg)
7300	Titisee Bf.	— Feldberg — Basel Bad Bf.
7319	Seebrugg Bf	— St. Blasien
7321	St. Blasien	— Todtnau — Schluchsee
7342	Schluchsee Seebrugg Bf.	— Gurtweil — Waldshut/Tiengen
7346	Schluchsee Seebrugg Bf.	— Bonndorf — Stühlingen

3
2

1894 (Riegel – Endingen und Gottenheim) bzw. am 7. September 1895 (Endingen – Breisach) eröffnet. Ursprünglich war das Badische Eisenbahn-Konsortium Eigentümerin, 1897 ging die Bahn in den Besitz der Süddeutschen Eisenbahn-Gesellschaft und 1953 auf die Mittelbadische Eisenbahnen über. 1971 wurde dieses Unternehmen, das ebenfalls dem Land gehörte, mit der SWEG verschmolzen. Der erste Abschnitt der Münstertalbahn wurde am 22. Dezember 1894 von Krozingen nach Sulzburg eröffnet. Die Zweigstrecke nach Untermünstertal kam am 1. Mai 1916 hinzu. Ursprünglich im Eigentum der Firma Vering & Wächter ging sie 1898 an die Deutsche Eisenbahn-Betriebs-Gesellschaft und 1963 auf die SWEG über. Beide Bahnen bestehen heute noch, jedoch wurde der Personenverkehr auf der Strecke Staufen – Sulzburg am 28. September 1969 aufgehoben und die Strecke zwischen Grunern und Sulzburg am 15. März 1973 gänzlich eingestellt.

Vom 15. Februar 1896 bis zum 22. Mai 1955 verband eine Schmalspurstrecke, die nicht zuletzt nach der im April 1914 erfolgten Elektrifizierung eher als Straßenbahn zu bezeichnen war, den Bahnhof Müllheim mit dem Kurort Badenweiler. Der größte Teil der Strecke verlief eingleisig am Straßenrand und wurde daher zu einer immer stärkeren Behinderung des Autoverkehrs. Hinzu kam der schlechte Unterhaltungszustand der Linie als Folge der leeren Kasse der Bahngesellschaft. Im März 1955 übernahm die landeseigene Mittelbadische Eisenbahn die Aktien der „Müllheim-Badenweiler Eisenbahn-Aktien-Gesellschaft“ und verlegte den Verkehr auf die Straße. Seit der Verschmelzung mit der SWEG bedient nun diese Gesellschaft den Verkehrsraum Müllheim – Badenweiler.
Da Schienenverbindungen aus wirtschaftlichen und topographischen Gründen nicht in alle Orte gelegt werden konnten, richtete die Postverwaltung am 10. Juli 1920 die erste Kraftpostlinie von Freiburg über St. Peter nach St. Märgen ein. Nur kurze Zeit später, im August 1920 folgte die Verbindung von Freiburg durch das Hexental nach Staufen. Weitere Linien kamen in den 20er und zu Beginn der 30er Jahre hinzu. 1939 umfaßte das „Netz“ der Kraftpost folgende Linien:

- Freiburg – Umkirch – Waltershofen- Merdingen Post
  15,0 km, Fahrzeit 40 Minuten, montags bis samstags vier, sonntags drei Kurse
- Freiburg – Munzingen – Niederrimsingen
  20,0 km, Fahrzeit 55 Minuten, täglich drei Kurse
- Freiburg – Kirchzarten – St. Peter – St. Märgen
  29,1 km, Fahrzeit 90 Minuten, täglich drei Kurse
- Freiburg – Merzhausen – Ehrenstetten – Staufen
  20,7 km, Fahrzeit 75 Minuten, täglich drei Kurse
- Freiburg – Ebnet – Kirchzarten – Oberried – Todtnau – Schönau – Todtmoos
  50,7 bzw. 57,6 km, Fahrzeit 3 Stunden bzw. 2 h 20 Minuten, werktags fünf, sonntags sechs Kurse, nicht alle durchgehend, davon ein Kurs „Schwarzwald-Bodensee-Post“

Im August 1949 eröffnete die Deutsche Bundesbahn ihre erste Buslinie. Sie verband Freiburg mit Müllheim und Lörrach und diente vor allem der Anbindung derjenigen Orte, die von der Eisenbahn am Rande liegen gelassen wurden. Im September 1949 kam die Linie Freiburg – Elzach und im Oktober 1949 die Strecke Freiburg – Riegel – Kenzingen (im wurde im Januar 1950 bis Herbolzheim verlängert) hinzu. Im Mai 1966 wurde der grenzüberschreitende Verkehr nach Colmar (mit durchgehenden Kursen) aufgenommen. Nach der Verschmelzung der Busdienste von Bahn und Post bedient heute der „Geschäftsbereich Bahnbus Südbaden“ die meisten Überland-Linien in der Verkehrsgemeinschaft Freiburg.

Daß das heutige Angebot an Zügen und auch die Reisezeiten nicht so schlecht sind wie ihr Ruf, zeigt ein Vergleich mit „der guten alten Zeit“. Gegenübergestellt sind die Anzahl der werktäglichen Zugpaare und der Fahrzeiten auf drei Strecken der Bundesbahn:

Strecke von Freiburg nach	1939		1987	
	Zugzahl	Reisezeit	Zugzahl	Reisezeit
Breisach	5	30	10	30
Neustadt	6	55–80	13	45
Elzach	5	60	13	35–41

„Schweben, schauen, selig sein“: Die Seilbahn auf den Schauinsland

„Der Schauinsland ist der Lieblingsberg der Freiburger“, schrieb Friedrich Seyfarth, der von 1906 an als Lehrer, Rektor und Schulrat in der Breisgaumetropole lebte, in seiner Heimatkunde „Unser Freiburg und seine Umgebung“ aus dem Jahr 1914. „Von seinem Gipfel läßt sich weit hinausschauen ins schöne Land am Oberrhein. Ist der Berg auch nur 1286 m hoch, also 200 m niedriger als der Feldberg, so ist der Ausblick von seiner Höhe doch noch schöner; denn der Schauinsland liegt am Rande des Gebirges. Freiburg und seine herrliche Umgebung liegen zu unsern Füßen; die Gebirgskämme des Schwarzwaldes und der Vogesen treten klar vor unser Auge, und bis hinab nach Straßburg reicht unser Blick.“

Wer das überwältigende Panorama genießen wollte, mußte in jenen Jahren freilich einiges auf sich nehmen: Der Fußweg auf den Berg war steil, mühsam und lang. Zwar gab es seit Ende des 19. Jahrhunderts eine befestigte Straße auf das Gipfelplateau, eine öffentliche Verkehrsverbindung dorthin aber fehlte. Schon bei der Genehmigung der Schauinslandstraße 1893 hatte Freiburgs Oberbürgermeister Dr. Otto Winterer auch aus Gründen der Fremdenverkehrsförderung erstmals den Bau einer Eisenbahn auf den Berg angeregt, dessen Nordhang der Stadt Freiburg gehört. Zwischen 1910 und 1914 gab es konkrete Planungen zum Bau einer Überlandstraßenbahn, mit der nicht nur die Schauinslandregion, sondern der gesamte südliche Schwarzwald erschlossen werden sollte (siehe Seite 42). Durch den Ausbruch des ersten Weltkrieges wurden jedoch sämtliche Projekte, zu denen auch eine Seilbahn und eine O-Buslinie gehörten, vereitelt.

Erst im Jahre 1925 bekamen die Planungen neuen Auftrieb. Auf Initiative des Freiburger Rechtsanwaltes Dr. Moritz Graff hin gründeten interessierte Bürger zusammen mit dem Verkehrsverein die „Schauinslandbahn-Studiengesellschaft“, zu deren Finanzierung die Stadt 7700 Mark beisteuerte; weitere 12300 Mark kamen durch Privatspenden zusammen. Nach einer ausgedehnten Studienreise, bei der mehrere Mitglieder des Verwaltungsrates Seilbahnen in der Schweiz, in Österreich und in Südtirol besichtigten, empfahl die Studiengesellschaft der zu gründenden „Schauinslandbahn AG“ am 5. März 1926 den Bau einer Seilbahn nach dem „kontinuierlichen System“. Also eine Seilbahn, bei der nicht – wie in jener Zeit üblich – zwei Kabinen zwischen der Berg- und Talstation pendeln, sondern mehrere Kabinen an einem Seil hängen, die in den Stationen über ein Rundlaufsystem von der Berg- auf die Talstrecke (und umgekehrt) wechseln.

Der Plan war ebenso revolutionär wie zweckmäßig. Revolutionär, weil es bis dahin noch niemand gewagt hatte, eine Großkabinenseilbahn, wie sie in Freiburg geplant war, nach dem kontinuierlichen System zu bauen, vor allem nicht über die angestrebte Bahnlänge von fast vier Kilometern. Zweckmäßig, da die Kapazität der Bahn bei einem Pendelbetrieb pro Stunde nur bei 120 bis 160 Personen gelegen hätte, bei einem Umlaufbetrieb jedoch mehr als das Doppelte erreicht werden konnte.

Zunächst aber mußte die Genehmigungsbehörde, das Badische Finanzministerium in Karlsruhe, von der Richtigkeit der Planungen überzeugt werden. Denn die Beamten in der Landeshauptstadt waren eher skeptisch, was das ungewöhnliche Bahnprojekt anging und schickten die Vorlage des Leipziger Ingenieurbüros Rudolph postwendend an die Freiburger Studiengesellschaft zurück. Obwohl mittlerweile auch zahlreiche Bürger und Interessengruppen Druck auf die Gesellschaft ausübten, sich lieber für den Bau einer „richtigen“ Eisenbahn einzusetzen, blieben die Mitglieder der Gesellschaft bei ihrer Idee einer Schwebebahn. Eine Eisenbahn, so ihre Argumentation, sei nur dann rentabel, wenn sie sich zum großen Teil durch den Güterverkehr finanziere. Damit aber könne man im südlichen Schwarzwald kaum rechnen. Für den Ausflugs- und Wintersportverkehr genüge eine Seilbahn völlig. Ein weiterer Vorteil: Eine Schwebebahn habe keine Gleisanlagen, die im Winter vor Betriebsbeginn

Die Talstation der Schauinslandbahn kurz nach ihrer Eröffnung. Auf dem Wendeplatz steht ein Zubringerbus nach Günterstal

Auf der Zubringerlinie wurde auch dieser Bus eingesetzt, bei dem man das Verdeck nach hinten zurückrollen konnte

mühsam von den Schneemassen befreit werden müßten.

Nachdem die offenen technischen Fragen in über zweijähriger Kleinarbeit geklärt worden waren, genehmigte das Karlsruher Ministerium den Bau der Schauinslandbahn am 10. Mai 1929. Die Talstation sollte südlich des Friedrichshofes (auf 468 m Höhe) entstehen, die Bergstation etwas unterhalb des Gipfels (auf einer Höhe von 1214 m). An der schon am 19. Dezember 1928 gegründeten „Schauinslandbahn AG" hielt die Stadt Freiburg 51 Prozent der Anteile, die übrigen 49 Prozent befanden sich in Streubesitz.

Noch im Frühjahr 1929 begann die Saarbrücker „Gesellschaft für Förderanlagen Ernst Heckel mbH" mit dem Bau der Bergbahn. Die gesamte Streckenlänge beträgt 3,6 Kilometer, der Höhenunterschied zwischen der Talstation und der Bergstation 746 Meter. Das Tragseil mit einem Durchmesser von 50 mm läuft über sieben Stützen, die größte Spannweite zwischen zwei dieser Träger liegt bei über 734 Metern. Bei einer Fahrtgeschwindigkeit von ungefähr 18 Stundenkilometern benötigten die zehn Kabinen jeweils rund 14 Minuten für eine Fahrt. Waren vier Kabinenpaare auf der Strecke, erhöhte sich die Fahrtdauer auf knapp 17 Minuten, da das Zugseil für das Ankuppeln weiterer Kabinen jeweils kurz angehalten werden mußte.

Der Bauauftrag für die elf Kabinen – zehn für die Personenbeförderung mit einer Kapazität von je 22 Personen und einem Begleiter, eine für Wartungsarbeiten – vergab die Bahngesellschaft an eine Freiburger Firma. Betrieblich war geplant, daß je eine Kabine in der Berg- und Talstation an das stillstehende Zugseil angekuppelt werden sollte. Jeweils nach einem Viertel der Fahrtstrecke konnte dann ein weiteres Kabinenpaar auf die Strecke geschickt werden. Während acht Kabinen im Umlauf waren, konnte das letzte Kabinenpaar bereits mit neuen Fahrgästen besetzt werden, die an das Zugseil angekuppelt wurden, sobald ein Kabinenpaar die Stationen erreicht hatte. Die maximale Beförderungskapazität war also mit zwei Kabinen in den Stationen und acht Gondeln auf der Strecke erreicht.

Am 17. Juli 1930 konnte die erste Großkabinenseilbahn der Welt nach dem Umlaufsystem feierlich eröffnet werden. Den Zubringerdienst nach Günterstal übernahm – nachdem die Pläne zur Verlängerung der Straßenbahnlinie 2 aus Kostengründen ad acta gelegt werden mußten – eine Omnibuslinie, die ebenfalls die Schauinslandbahn AG betrieb. Die Bahnverwaltung hatte dafür eigens drei Magirus-Busse gekauft, die nachts im Straßenbahn-Depot an der Urachstraße untergestellt wurden. Bis 1938 fuhren einzelne Kurse der Zubringerlinie an Tagen mit großem Ansturm sogar ab und zu bis zum Hauptbahnhof, um das Umsteigen in Günterstal zu vermeiden. Während die Gesellschaft auf die Eröffnung ein weltweites Echo bekam und das Pionierstück zum Vorbild für zahlreiche andere Bergbahnen auf allen Kontinenten wurde, blieben die Beförderungsleistungen während der ersten Jahre mit durchschnittlich 140000 Passagieren weit hinter den Erwartungen zurück. Durch die anhaltende Wirtschaftskrise fiel die Inbetriebnahme der Bahn in einen denkbar ungünstigen Zeitabschnitt. Vielen Familien fehlte einfach das Geld für einen Ausflug auf Freiburgs Hausberg. Um rentabel zu arbeiten, hätte die Bahngesellschaft jährlich 100000 Fahrgäste mehr befördern müssen.

Dazu kam ein schwerer Unfall, der das junge Unternehmen in seinem dritten Betriebsjahr erschütterte. Am Abend des 26. November 1932, einem Samstag, stürzte um 19.14 Uhr eine talwärts fahrende Kabine vor dem zweiten Pfeiler aus zwanzig Metern Höhe ab und zerschellte auf dessen Betonfundament. Der Schaffner und ein Fahrgast wurden dabei getötet, der zweite Passagier erlag zwei Tage später seinen schweren Verletzungen. Als Unglücksursache wurde menschliches Versagen ermittelt: Der Schaffner, der mit dem Kontrollieren der Fahrkarten beschäftigt war, hatte nicht bemerkt, daß seine Kabine nur an eines der beiden Zugseile angekuppelt war. Als Reaktion darauf verlegte die Bahngesellschaft die Fahrkartenkontrolle an den Eingang des Bahnsteigs, damit sich die Kabinenbegleiter in Zukunft voll und ganz auf die Sicherheitsvorkehrungen konzentrieren konnten.

Den größten Ansturm verzeichnete die Schauinslandbahn jeweils an schönen Winter-Wochenenden, wenn sich tausende von Wintersportlern mitsamt ihren Skiern und Rodelschlitten auf den Berg fahren ließen und an den Tagen der Großen Schauinsland-Automobil-Bergrennen auf der Schauinslandstraße. So warb die Schauinsland-

Fürstenberg Pilsener
9
Fürstenberg
Pilsener

Impressionen von der Schauinslandbahn. Eine Fahrt mit der Bahn bietet einen hervorragenden Blick hinunter in die oberrheinische Tiefebene (oben links), darunter eine Aufnahme aus der Talstation, im Vordergrund ein Arbeitsfahrzeug. Oben ein Blick in die Mittelstation. Die Aufnahme rechts veranschaulicht den Höhenunterschied, die die Großkabinenbahn überwindet

bahn AG am „28. August 1936 in der Tageszeitung *Alemanne:*

„Benutzen sie die Schauinslandbahn für die Hin- und Rückfahrt zur Holzschlägermatte (Mittelstation der Schauinsland, in deren Nähe eine große Tribüne steht; d. V.) und zu den anderen interessanten Aussichtspunkten der Rennstrecke.

Fahrpreise (die üblichen Sonn- und Feiertagspreise):

	Erwachsene	Kinder
Talstation – Mittelstation (Holschlägermatte)	1,20	0,75 RM
Mittelstation – Talstation	0,70	0,50 RM
Mittelstation – Bergstation	1,00	0,75 RM
Bergstation – Mittelstation	0,70	0,50 RM
Talstation – Bergstation und retour	2,00	1,25 RM
Talstation – Bergstation einfach	1,50	0,75 RM
Bergstation – Talstation einfach	1,00	0,50 RM

Die Seilbahn verkehrt von 6 Uhr an während des ganzen Tages, die Zubringerlinie Günterstal – Talstation von 6 Uhr bis etwa 9 Uhr und sofort nach Beendigung des Rennens ab Talstation nach Günterstal. Von der Mittelstation besteht während des ganzen Rennens die Möglichkeit, zu Fuß zur Holzschlägermatte zu gelangen. Nach 9 Uhr Zugang zur Talstation über den Fußweg kurz nach der Kyburg und über die Brücke zum Friedrichshof."

Erst im Zweiten Weltkrieg konnten die ursprünglich prognostizierten Beförderungszahlen von jährlich 240000 Passagieren erreicht werden, weil fast alle privaten Kraftfahrzeuge wegen Benzinmangels zwangsweise stillstanden und über die Seilbahn fast der gesamte Verkehr zu den Kriegslazaretten auf dem Schauinsland abgewickelt wurde. Viele Fahrten mußten wegen der Fliegerangriffe nachts stattfinden. Trotz der starken Frequentierung mußte die Bahn aber ab 1943 jeweils für einen Tag in der Woche stillgelegt werden, weil ein großer Teil des Personals in die Armee eingezogen worden war. Ihre größte Leistung vollbrachte die Schauinslandbahn in den Nachtstunden vom 3. auf den 4. Dezember 1944. Nachdem die Universitäts-Kinderklinik, die während des Krieges in das Günterstaler Hotel Kyburg ausgelagert war, von Fliegern angegriffen worden war, mußten trotz eines starken Sturmes über 100 Kleinkinder und Säuglinge in ein Hotel auf dem Berg befördert werden.

Nach dem Einmarsch französischer Truppen stand die Schauinslandbahn im Sommer 1945 ebenso still wie zeitweise auch die Straßenbahn- und Buslinien. Erst am 1. September wurde der Betrieb nach viermonatiger Betriebsruhe auf Anordnung der Französischen Kommandantur wieder aufgenommen, die sich ausdrücklich eine vorrangige Beförderung auch auf der Omnibuslinie vorbehielt.

Auch in der Nachkriegszeit blieb die finanzielle Lage der Schauinslandbahn AG angestrengt, so daß die Stadt Freiburg der Gesellschaft mehrmals finanziell aushelfen mußte. War vor dem Krieg die desolate Wirtschaftslage an der mangelnden Frequentierung schuld gewesen, war es jetzt das Wirtschaftswunder, das fast jeder Familie ein eigenes Auto ermöglichte, mit dem der Sonntagsausflug bequemer als mit öffentlichen Verkehrsmitteln gemacht werden konnte. 1969 übernahm die Stadt Freiburg deshalb auch die restlichen 49 Prozent des Aktienkapitals und gliederte das Unternehmen 1982 in die Freiburger Verkehrs AG ein. Trotzdem gilt auf der Zubringerlinie 21 (Bezeichnung bis 1983: Linie SB für Schauinslandbahn) ab der Haltestelle Günterstal-Kyburg, die an der Stadtgrenze liegt, ein eigenständiger Tarif.

Zwischen 1977 und 1979 waren probeweise besonders ausgefallene Fahrscheinautomaten im Einsatz, die die eingeworfenen Münzen zu Kontrollzwecken auf die Rückseite des Fahrscheins fotokopierten. Wurde der Fahrpreis in kleinen Münzen bezahlt, konnte die Fahrkarte bis zu einem halben Meter lang werden. Solche Abmessungen waren auf der Linie SB aber nichts neues. Schon früher verkauften die Busfahrer ellenlange Rollenfahrscheine, deren einzelne Abschnitte jeweils zehn Pfennige wert waren. Ein weiteres Kuriosum der Zubringerstrecke: Die Busse transportieren morgens auch Tageszeitungen und frische Brötchen in das oberhalb der Talstation gelegene Dorf Horben.

Nachdem schon 1948 die Zugseile und Anfang der sechziger Jahre die Tragseile und der Antrieb der Seilbahn ausgetauscht worden waren, stand im Winter 1987/88 für die Schauinslandbahn eine Totalrenovierung an. Nach 57 Betriebsjahren war es mit kleineren Reparaturen und Ausbesserungsarbeiten nicht mehr getan. Rund 350000 Kilometer hatte jede der Großkabinen seit der Eröffnung am 17. Juli 1930 zurückgelegt. Das heißt: Zusammengenommen waren die Gondeln fast 90 mal rund um die Erde geschwebt. Nach langen Diskussionen entschloß sich die Freiburger Verkehrs AG aus wirtschaftlichen Erwägungen dazu, im Zuge des Umbaus auch das Bahnsystem zu ändern. Anstelle der zehn Großkabinen mit ihrem Fassungsvermögen von 22 Fahrgästen, von denen am letzten Betriebstag der alten Bahn am 11. Oktober 1987 noch sieben in Betrieb waren, pendeln jetzt 37 kleinere Kabinen mit einer Kapazität bis zu zehn Fahrgästen zwischen dem Bohrertal und dem Gipfelplateau.

In enger Abstimmung mit den Denkmalschutzbehörden wurden drei Prototypen für die neuen Kabinen entwickelt und das endgültige Modell, das Doppelschwenktüren wie ein Straßenbahntriebwagen besitzt, bei einer Schweizer Spezialfirma in Auftrag gegeben. Gleichzeitig mit dem Neubau der Gondeln ließ die Verkehrs AG auch die gesamte Antriebs- und Steuerungstechnik mitsamt der Zugseile austauschen. Während das Personal die Kabinen bisher von Hand durch das Rundlaufsystem der Berg- und Talstation schieben mußte, geschieht das jetzt – ebenso wie das Öffnen und Schließen der Türen – automatisch. Die Kapazität der Seilbahn beträgt nach der Wiedereröffnung Mitte 1988 stündlich 600 Personen.

Eines sollte sich aber trotz des notwendigen Umbaus nicht ändern: Das Gefühl einer Schwebe-Fahrt auf den Schauinsland, das ein Werbetexter in den siebziger Jahren im Auftrag der Freiburger Verkehrsbetriebe in die Worte „Schweben, schauen, selig sein" faßte.

Das gleiche Motto könnte auch für Freiburgs zweite Seilbahn, die private Schloßbergbahn, gelten, die seit dem 17. Juli 1968 vom Stadtgarten auf den Schloßberg verkehrt. Die Bergstation befindet sich neben dem Café Dattler, einem beliebten Ausflugslokal mit einem herrlichen Blick über die Stadt. Der Höhenunterschied, den die 20 Kabinen mit einem Fassungsvermögen von je zwei Personen bewältigen, beträgt 277 Meter, die Beförderungskapazität 500 Personen je Stunde und Richtung.

Eine alte Aufnahme der Mittelstation. Heute hat der Wald sein Terrain wieder zurückerobert und „versperrt" diesen Blick

Die Entwicklung des Straßenbahn- und Busbestandes

(Stand 31. 12. 1987)

Zeichenerklärung

a	ausgemustert
abg	abgestellt
ABW	Arbeitsbeiwagen
ATW	Arbeitstriebwagen
DEBG	Deutsche Eisenbahn-Betriebsgesellschaft
DSM	Deutsches Straßenbahnmuseum Wehmingen bei Hannover
KV	Kriegsverlust
MEG	Mittelbadische Eisenbahnen
MM	Museum Marxzell
SMS	Straßenbahnmuseum Stuttgart
U	Umbau
vk	verkauft
VKE	Verband Kärntner Eisenbahnfreunde

Straßenbahn – Triebwagen

1. HAWA, 1901: Nr. 1 bis 27

2 Achsen, 2 Motoren Typ D 14/20, Leistung 10 kW, Gewicht 9,0 t
Länge: 8020 mm, Breite: 2000 mm, Höhe: 3290 mm, 16 Sitz- und 15 Stehplätze

in Betrieb:

1	1901 – 27. 11. 1944	KV
2	1901 – 31. 03. 1954	Reklamewg bis 1961, jetzt Museumswagen
3	1901 – 16. 09. 1953	U in Bw 111
4	1901 – 22. 12. 1953	U in Bw 108
5	1901 – 30. 05. 1950	ATW, 24. 10. 1951 a
6	1901 – 25. 07. 1953	U in Bw 110
7	1901 – 27. 11. 1944	KV
8	1901 – 22. 03. 1949	abg, 20. 12. 1951 a
9	1901 – 27. 11. 1944	KV
10	1901 – 31. 03. 1954	U in Bw 105
11	1901 – 31. 03. 1954	Reklamewg.
12	1901 – 31. 03. 1954	ATW 211
13	1901 – 31. 03. 1954	ATW 207
14	1901 – 31. 03. 1954	ATW 208
15	1901 – 31. 03. 1954	ATW 209
16	1901 – 15. 04. 1950	abg, 15. 12. 1951 a
17	1901 – 31. 03. 1954	ATW 212
18	1901 – 31. 03. 1954	U in Bw 107
19	1901 – 16. 06. 1943	abg. 31. 03. 1949 a
20	1901 – 05. 09. 1950	ATW, 19. 10. 1951 a
21	1901 – 31. 03. 1954	ATW 210
22	1901 – 27. 11. 1944	KV, 31. 03. 1950 a
23	1901 – 08. 11. 1947	a nach Kabelbrand
24	1901 – 31. 03. 1951	a
25	1901 – 31. 03. 1954	U in Bw 106
26	1901 – 12. 10. 1953	U in Bw 109
27	1901 – 31. 03. 1950	ATW 201 II

2. Waggonfabrik Rastatt, 1907: Nr. 28 bis 30

2 Achsen, 2 Motoren D 14/20, Leistung 10 kW (Wagen 28 und 29), 2 Motoren Typ CD 17/18, Leistung 25 kW (Wagen 30), Gewicht 13,0 t
Länge: 9430 mm, Breite: 2080 mm, Höhe: 3290, 20 Sitz- und 24 Stehplätze

in Betrieb:

28	1907 – 22. 01. 1960	a
29	1907 – 22. 01. 1960	a
30	1907 – 30. 12. 1955	a

3. MAN, 1909: Nr. 31 bis 40

2 Achsen, 2 Motoren Typ CD 17/18, Leistung 25 kW, Gewicht 13,0 t
Länge: 9340 mm, Breite: 2010 mm, Höhe: 3265 mm, 20 Sitz- und 24 Stehplätze

40 am 09. 09. 1917 in 32 II umgenummert
34, 36, 38 erhielten in 1953/54/51 De 561 d-Motoren, Leistung 37 kW

in Betrieb:

31	06. 06. 1909 – 26. 01. 1955	a
32	18. 04. 1909 – 12. 10. 1916	nach Unfall
33	18. 04. 1909 – 22. 01. 1960	a
34	13. 03. 1909 – 1971	an DSM
35	18. 04. 1909 – 22. 01. 1960	a
36	18. 04. 1909 – 21. 03. 1966	a
37	18. 04. 1909 – 22. 01. 1960	a
38	18. 04. 1909 – 1972	an VKE, jetzt DSM
39	18. 04. 1909 – 22. 01. 1960	a
40/32	06. 06. 1909 – 05. 07. 1956	a

4. MAN, 1914: Nr. 41 bis 47

2 Achsen, 2 Motoren Typ D 53 w/g, Leistung 26,5 kW, Gew. 13,0 t
Länge: 9700 mm, Breite: 2010 mm, Höhe: 3440 mm, 20 Sitz- und 24 Stehplätze

47 am 22. 05. 1920 in 40 II umgenummert

in Betrieb:

41	18. 01. 1914 – 18. 01. 1972	a
42	29. 03. 1914 – 1972	an MM
43	29. 03. 1914 – 1971	an DSM
44	29. 03. 1914 – 27. 11. 1944	KV
45	29. 03. 1914 – 1972	an VKE, jetzt DSM
46	29. 03. 1914 – 1966	a
47/40	29. 03. 1914 – 09. 03. 1966	a

5. Fuchs, 1927: Nr. 47 bis 52

4 Achsen, 2 Motoren Typ D 561 d, Leistung 37 kW, Gew. 16,5 t
Länge: 11 080 mm, Breite: 2050 mm, Höhe: 3250 mm, 26 Sitz- und 24 Stehplätze

47 erhielt in 1953 EM 60/600-Motor mit 60 kW

in Betrieb:

47	05. 06. 1927 – 07. 12. 1967	a
48	05. 06. 1927 – 05. 03. 1962	a
49	05. 06. 1927 – 01. 10. 1968	a
50	05. 06. 1927 – 24. 06. 1969	an Spielplatz
51	05. 06. 1927 – 07. 12. 1967	a
52	05. 06. 1927 – 24. 10. 1965	a

6. Rastatt, 1927: Nr. 53 bis 56

4 Achsen, 2 Motoren Typ De 561 d, Leistung 37 kW, Gew. 16,5 t
Länge: 11 080 mm, Breite: 2050 mm, Höhe: 3350 mm, 26 Sitz- und 24 Stehplätze

54 erhielt in 1953 EM 60/600-Motor mit 60 kW

in Betrieb:

53	23. 06. 1927 – 27. 11. 1944	KV
54	12. 06. 1927 – 07. 12. 1967	a
55	28. 06. 1927 – 11. 08. 1962	a
56	24. 06. 1927 – Museumswagen VAG	

7. Rastatt, 1929: Nr. 57 bis 61

2 Achsen, 2 Motoren Typ De 561 d, Leistung 37 kW, Gew. 16,5 t
Länge: 11 080 mm, Breite: 2050 mm, Höhe: 3350 mm, 26 Sitz- und 24 Stehplätze

61 am 01. 04. 1951 in 53 II umgenummert
60 und 61/53 erhielten in 1959/64 EM 60/600-Motoren, Leistung 60 kW

in Betrieb:

57	25. 08. 1929 – 11. 01. 1962	a
58	25. 08. 1929 – 16. 07. 1968	a
59	25. 08. 1929 – 06. 02. 1962	a
60	25. 08. 1929 – 04. 08. 1970	a
61/53	25. 08. 1929 – 07. 12. 1967	a

8. Rastatt, 1951: Nr. 61 bis 71, 1953: Nr. 72 bis 74

2 Achsen, 2 Motoren Typ EM 60/600, Leistung 60 kW, 13,2 t
Länge: 10 500 mm, Breite: 2200 mm, 22 Sitz- und 48 Stehplätze

in Betrieb:

61	29. 04. 1951 – 1977	abg, 02. 07. 1981 an SMS
62	29. 04. 1951 – 01. 1975	a
63	29. 04. 1951 – 1977	a
64	01. 05. 1951 – 01. 1972	ATW 404
65	01. 05. 1951 – 01. 1972	ATW 401
66	13. 06. 1951 – 1979	ATW 405 II
67	13. 06. 1951 – 06. 1973	a
68	26. 06. 1951 – 06. 1973	a
69	28. 06. 1951 – 01. 1972	ATW 405 I, 02. 07. 1981 an SMS, dort a
70	05. 07. 1951 – 1970	ATW 402
71	14. 07. 1951 – 1970	ATW 403
72	15. 12. 1953 – 01. 1972	ATW 406
73	22. 12. 1953 – 01. 1972	ATW (intern auf 407 umgenummert)
74	28. 12. 1953 – 1978	jetzt Partywagen

Ein Zug der Linie 3 auf dem Weg zur Endstelle Emil-Gött-Straße. Heute ist die Schwarzwaldstraße großzügig ausgebaut mit einer eigenen Fahrspur für die Straßenbahn

Zur Fahrt in Richtung Stadttheater steht in der Schleife Meßlatz der Triebwagen 49 bereit

9. Waggonfabrik Rastatt, 1959: Nr. 100 bis 103
4 Achsen, 2 Motoren Typ EM 60/600, Leistung 60 kW, Gew. 18,75 t
Länge: 17430 mm, Breite: 2173 mm, Höhe: 3183 mm, 39 Sitz- und 121 Stehplätze

100 am 13. 09. 1967 in 103 II umgenummert

in Betrieb:

100/103	17. 11. 1959 –	101	17. 11. 1959 –	102	27. 11. 1959 –

10. Maschinenfabrik Esslingen, 1962: Nr. 103 bis 108, 1966: Nr. 109 bis 113
4 Achsen, 2 Motoren Leistung 100 kW
Länge: 18800 mm, Breite: 2200 mm, Höhe: 3800 mm, 41 Sitz- und 130 Stehplätze

103 I am 13. 09. 1967 in 109 II umgenummert, 109 am 13. 09. 1967 in 114 I umgenummert

in Betrieb:

103/109	13. 07. 1962 –	106	28. 09. 1962 –	109/114	07. 01. 1966 –	112	23. 02. 1966 –
104	27. 07. 1962 –	107	23. 11. 1962 –	110	18. 01. 1966 –	113	23. 02. 1966 –
105	17. 09. 1962 –	108	14. 01. 1963 –	111	10. 02. 1966 –		

11. Waggonfabrik Rastatt, 1967: Nr. 115 bis 118, 1968: Nr. 119 bis 122
4 Achsen, 2 Motoren Leistung 100 kW
Länge: 18800 mm, Breite: 2200 mm, Höhe 3800 mm, 41 Sitz- und 130 Stehplätze

in Betrieb:

115	18. 12. 1967 –	117	12. 01. 1968 –	119	05. 12. 1968 –	121	27. 12. 1968 –
116	18. 12. 1967 –	118	23. 01. 1968 –	120	11. 12. 1968 –	122	10. 01. 1969 –

12. Waggonfabrik Uerdingen – Werk Düsseldorf, 1971: Nr. 201 bis 204
8 Achsen, 4 Motoren Leistung 95 kW
Länge: 32845 mm, Breite: 2200 mm, Höhe: 3200 mm, 89 Sitz- und 205 Stehplätze

in Betrieb:

201	11. 11. 1971 –	202	30. 11. 1971 –	203	11. 12. 1971 –	204	14. 01. 1972 –

13. Waggonfabrik Uerdingen – Werk Düsseldorf, 1981: Nr. 205 bis 214
8 Achsen, 4 Motoren Leistung 95 kW
Länge: 32845 mm, Breite: 2325 mm, Höhe: 3210 mm, 89 Sitz- und 205 Stehplätze

in Betrieb:

205	09. 07. 1981 –	209	01. 10. 1981 –	213	03. 02. 1982 –
206	27. 07. 1981 –	210	21. 10. 1981 –	214	31. 03. 1982 –
207	10. 08. 1981 –	211	29. 10. 1981 –		
208	24. 08. 1981 –	212	08. 12. 1981 –		

14. Maschinenfabrik Esslingen, (1964): Nr. 151 bis 158
4 Achsen, 2 Motoren
Länge: 18800 mm, Breite 2200 mm, Höhe 3800 mm, 48 Sitz- und 129 Stehplätze

1985/86/88 aus Stuttgart übernommen

in Betrieb:

151 ex SSB 700	19. 08. 1985 –	155 ex SSB 702	04. 09. 1985 –
152 ex SSB 704	20. 08. 1985 –	156 ex SSB 703	27. 06. 1986 –
153 ex SSB 687	21. 08. 1985 –	157 ex SSB 705	30. 09. 1986 –
154 ex SSB 693	03. 09. 1985 –	158 ex SSB 706	12. 09. 1986 –

Beiwagen

1. Waggonfabrik Hannover, 1901: Nr. 28
2 Achsen
16 Sitz- und 16 Stehplätze

28 in 1907 umgenummert in 31 II, am 01. 01. 1909 umgenummert in 101

in Betrieb:

28/31/101	1901 – 09. 04. 1951	abg, 31. 03. 1954	a

2. Waggonfabrik Hannover, 1901: 29 bis 31
2 Achsen
18 Sitz- und 12 Stehplätze, offene Beiwagen

29–31 in 1907 umgenummert in 35–37, umgenummert am 01. 01. 1909 in 102–104

in Betrieb:

29/35/102	1901 – 12. 02. 1918	Abw. 04. 12. 1918	abg, 01. 07. 1921	a
30/36/103	1901 – 12. 02. 1918	Abw, 04. 12. 1918	abg, 01. 07. 1921	a
31/37/104	1901 – 12. 02. 1918	Abw, 04. 12. 1918	abg, 01. 07. 1921	a

3. Reihe, Waggonfabrik Rastatt 1903, Nr. 32 bis 34
2 Achsen
18 Sitz- und 12 Stehplätze, versenkbare Scheiben

32 am 01. 03. 1909 umgenummert in 105, am 01. 11. 1951 umgenummert in 113, 33 am 01. 02. 1909 umgenummert in 106, am 01. 11. 1951 umgenummert in 112, 34 am 01. 03. 1909 umgenummert in 107

in Betrieb:

32/105/113	1903 – 22. 01. 1960		a
33/106/112	1903 – 22. 01. 1960		a
34/107	1903 – 27. 11. 1944	KV, 31. 03. 1948	a

4. Waggonfabrik Rastatt, 1907: Nr. 38 bis 40
2 Achsen
Länge: 9190 mm, Breite: 2000 mm, Höhe: 3290 mm, 18 Sitz- und 12 Stehplätze, versenkbare Scheiben

38–40 am 01. 02. 1909 in 108–110 umgenummert, 108 am 22. 12. 1949 nach Neuaufbau in 121 umgenummert, 109 am 17. 08. 1950 nach Neuaufbau in 125 umgenummert, 121 und 125 in 1967 in 221 und 225 umgenummert

in Betrieb:

38/108/121/221	1907 – 07. 10. 1968	a
39/109/125/225	1907 – 07. 10. 1968	a
40/110	1907 – 27. 11. 1944	KV

5. MAN, 1909: Nr. 111 bis 120
2 Achsen
Länge: 9190 mm, Breite: 2070 mm, Höhe: 3295 mm, 18 Sitz- und 24 Stehplätze

Nach Neuaufbau 111 am 03. 03. 1950 in 116, 112 am 01. 11. 1951 in 114, 113 am 02. 11. 1950 in 115, 114 am 14. 10. 1949 in 117, 115 am 17. 02. 1950 in 120, 116 am 09. 07. 1950 in 124, 117 am 22. 12. 1949 in 122, 118 und 119 nicht umgenummert und 120 am 18. 05. 1950 in 123 umgenummert, 116 bis 120 und 122 bis 124 in 1967 in 216 bis 220 und 222 bis 224 umgenummert

in Betrieb:

111/116/216	25. 07. 1909 – 07. 10. 1968	a
112/114	07. 02. 1909 – 1967	a
113/115	11. 04. 1909 – 1967	a
114/117/217	11. 04. 1909 – 1971	a
115/120/220	11. 04. 1909 – 1968	a
116/124/224	11. 04. 1909 – 1971	a
117/122/222	11. 04. 1909 – 07. 10. 1968	a
118/218	11. 04. 1909 – 07. 10. 1968	a
119/219	11. 04. 1909 – 1971	a
120/123/223	11. 04. 1909 – 1971	a

6. Rathgeber, 1950: Nr. 126 bis 131, 1951: Nr. 132 bis 134

2 Achsen
Länge: 10430 mm, Breite: 2134 mm, 22 Sitz- und 48 Stehplätze

126 bis 134 in 1967 umgenummert in 226 bis 234

in Betrieb:

126/226	28. 05. 1950 – 1978	a	129/229	01. 08. 1950 – 01. 09. 1976	a	132/232	05. 08. 1951 – 17. 07. 1981	a
127/227	19. 06. 1950 – 13. 03. 1981	SMS	130/230	17. 08. 1950 – 1978	a	133/233	14. 08. 1951 – 1978	a
128/228	01. 08. 1950 – 1978	a	131/231	28. 09. 1950 – 01. 09. 1976	a	134/234	25. 08. 1951 – 1978	a

7. Waggonfabrik Rastatt, 1952: Nr. 135 bis 140, 1953: Nr. 141 bis 143

2 Achsen
Länge: 10500 mm, Breite: 2173 mm, Höhe: 3170 mm, 22 Sitz- und 48 Stehplätze

135 bis 143 in 1967 umgenummert in 225 bis 243

in Betrieb:

135/235	01. 11. 1952 – 17. 07. 1981	abg. Btf. West	140/240	01. 12. 1952 – 17. 07. 1981	SMS
136/236	01. 11. 1952 – 17. 07. 1981	a	141/241	15. 12. 1953 – 17. 07. 1981	
137/237	01. 11. 1952 – 17. 07. 1981	DSM	142/242	22. 12. 1953 – 17. 07. 1981	abg. Btf. West
138/238	01. 12. 1952 – 17. 07. 1981	SMS	143/243	28. 02. 1954 – 17. 07. 1981	a
139/239	01. 12. 1952 – 17. 07. 1981	a			

8. HAWA, 1901: Nr. 105 bis 111

2 Achsen
Länge: 8020 mm, Breite: 2000 mm, Höhe: 3290 mm
Umbau aus Triebwagen der Reihe 1–27

in Betrieb:

105 ex TW 10	11. 12. 1954 – 22. 01. 1960	a	109 ex TW 26	12. 10. 1953 – 22. 01. 1960	a
106 ex TW 25	05. 10. 1954 – 22. 01. 1960	a	110 ex TW 6	25. 07. 1953 – 22. 01. 1960	a
107 ex TW 18	03. 08. 1954 – 22. 01. 1960	a	111 ex TW 3	16. 09. 1953 – 22. 01. 1960	a
108 ex TW 4	22. 12. 1953 – 22. 01. 1960	a			

Straßenbahn – Arbeitswagen (Trieb- und Beiwagen)

TW 201	Sprengwagen, J. Hellmers	1909 – 1950	vk an MEG
TW 201	II ATW ex 27, HAWA	31. 03. 1950 – 29. 12. 1961	a
TW 202	Sprengwagen, J. Hellmers	1912 – 11. 1961	a
TW 203	Schleifwagen, Schörling 1971 in 414 umgenummert	1930 – 07. 1982	abg
BW 204	Salzwagen, auch als Oberleitungswg. verwendbar, J. Hellmers	1901 – 1968	a
BW 205	(intern auf 415 umgenummert) Salzwagen, Eigenbau	1909 – 11. 10. 1971	a
TW 207	ATW ex 13, HAWA	31. 03. 1954 – 29. 12. 1961	a
TW 208	ATW ex 14, HAWA	31. 03. 1954 – 05. 1962	a
TW 209	ATW ex 15, HAWA	31. 03. 1954 – 05. 1962	a
TW 210	ATW ex 21, HAWA	31. 03. 1954 – 05. 1962	a
TW 211	ATW ex 12, HAWA	31. 03. 1954 – 29. 12. 1961	a
TW 212	ATW ex 17, HAWA	31. 03. 1954 – ?	a
BW 209	II Lore (intern auf 416 umgenummert)		
BW 210	II Lore (intern auf 417 umgenummert)		
TW 401	Fahrschulwagen ex 65, Rastatt	01. 1972 –	
TW 402	Meßwagen ex 70, Rastatt	1970 –	
TW 403	Rangierwagen ex 71, Rastatt	1970 –	
TW 404	Rangierwagen ex 74, Rastatt	01. 1972 –	
TW 405	I Rangierwagen ex 69, Rastatt	01. 1972 – 02. 07. 1981	SMS, dort a
TW 405	II Schleifwagen ex 66, Rastatt	1979 –	

TW 406	Rangierwagen ex 72, Rastatt	01. 1972 –		
TW (407)	Rangierwagen ex 73, Rastatt	01. 1972 –	07. 10. 1977	
TW 407	Rottenkraftwagen Diesel,	26. 10. 1982 –		
BW 411	Rottenlore	30. 09. 1982 –		
BW 412	Rottenlore	30. 09. 1982 –		
BW 413	Schienentransportwagen	07. 1982 –		
BW 413	Schienentransportwagen	07. 1982 –		
TW 414	Schleifwagen ex 203	1971 –	07. 1982	abg
BW (415)	Salzwagen ex 205	–	11. 10. 1971	a
BW (416)	Lore ex 209			
BW (417)	Lore ex 210			
BW (422)	2 Einachs-Schneeschieber, jetzt Aufsatz			
ohne Wagennummern				
3 Bahnmeisterwagen, eigene Werkstätte (vermutliche 206–208)		1928 –	?	a
2 Bahnmeisterwagen, O & K		1908 –	?	a
10 Kastenkippwagen, Apparatewerk Aachen		1916 –	?	a
4 Kranloren		nach 1935 –	1972	a
1 Akkumulatorenlastwagen		? –	1972	a

(in Klammern gesetzte Wagennummern wurden nur intern verwendet)

Omnibusse – Vorkriegswagen

1. MAN, 1925: Nr. 1 und 2

in Betrieb:
1 27. 09. 1925 – 08. 12. 1936
2 27. 09. 1925 - 30. 12. 1936

2. Daimler-Benz (Gaggenau, Frontlenker) N 2, 1928: Nr. 3 und 4
3 in 1944 umgenummert in 15

in Betrieb:
3/15 09. 02. 1928 – 02. 1944 abg, 10. 1946 U in Lkw
4 24. 11. 1928 – 07. 02. 1945 a nach Unfall mit Reichsbahn

3. Daimler-Benz (Gaggenau, Frontlenker) N 2/6, 1928: Nr. 5
5 in 1944 umgenummert in 3

in Betrieb:
5/3 24. 11. 1928 – 29. 07. 1952

4. Daimler-Benz (Gaggenau, Frontlenker) N 46, 1930: Nr. 6 und 7
6, 7, 1944 umgenummert in 16, 17

in Betrieb:
6/16 15. 03. 1930 – 25. 04. 1945 beschlagnahmt durch französische Militärregierung
7/17 15. 03. 1930 – 25. 04. 1945 beschlagnahmt durch französische Militärregierung

5. Magirus M 30, 1934: Nr. 8 und 9, 1935: Nr. 10

in Betrieb:
8 09. 11. 1934 – 14. 02. 1944 vk an Autovermietung Karl Wilhelm Maier, Lörrach
9 09. 11. 1934 – 15. 09. 1939 vk an Deutsche Wehrmacht
10 13. 10. 1936 – 04. 03. 1944 vk nach Mannheim

6. MAN/Vögtle & Zeller Z 1, 1936: Nr. 1

in Betrieb:
1 23. 10. 1936 – 03.05. 1953 U in Werkstattwagen, 03. 05. 1954 a

7. MAN/Kässbohrer Z 1, 1936: Nr. 2

in Betrieb:
2 07. 11. 1936 – 29. 07. 1952

8. Daimler-Benz OP 3750, 1939: Nr. 11 bis 13
11 und 12 1944 umgenummert in 5 und 6

in Betrieb:
11/5 08. 04. 1939 – 25. 07. 1952 vk an Omnibus Schwarz, Freiburg
12/6 08. 04. 1939 – 18. 06. 1952 vk an Alfred Wiesse, Jechtingen
13 08. 04. 1939 – 15. 08. 1939 vk an Deutsche Wehrmacht

9. Daimler-Benz OP 3750, 1941: Nr. 13 bis 15

in Betrieb:
13 16. 03. 1941 – 31. 03. 1943 vk an Deutsche Wehrmacht
14 16. 03. 1941 – 31. 03. 1943 vk an Deutsche Wehrmacht
15 16. 03. 1941 – 31. 03. 1943 vk an Deutsche Wehrmacht

10. Büssing 5000 TU, 1943: Nr. 16
1944 umgenummert in 7

in Betrieb:
16/7 18. 08. 1943 – 24. 06. 1958

11. Büssing/NAG 4500 T, 1943: Nr. 17
1944 umgenummert in 8

in Betrieb:
17/8 21. 08. 1943 – 20. 03. 1956 vk an Fa. Landers & Söhne, Wesel

Umnummerierungen 1944:

1 unverändert, 2 unverändert, 3 in 15, 4 unverändert, 5 in 3, 6 in 16, 7 in 17, 11 in 5, 12 in 6, 16 in 7, 17 in 8

12. Büssing NAG/Vögtle & Zeller 4500 T Kriegseinheitstype, 1944: Nr. 9 und 10

in Betrieb:
9 23. 08. 1944 – 08. 1960 U in Gerätewagen 534, 1981 an SMS
10 18. 04. 1944 – 10. 05. 1957

Omnibusse – Nachkriegswagen

1. Krauss-Maffei KMO 130, 1948: Nr. 11

in Betrieb:
11 12. 12. 1948 – 18. 04. 1957

2. Krauss-Maffei/Rathgeber KMO, 1949: Nr. 12

in Betrieb:
12 22. 01. 1949 – 20. 03. 1956 vk an Fa. Landers & Söhne, Wesel

3. Büssing/Ludewig 5000 T 1949, Nr. 14 und 15

in Betrieb:
14 29. 04. 1949 – 12. 01. 1962
15 23. 04. 1949 – 19. 07. 1961

4. Büssing/NAG/Vögtle & Zeller 5000 T, 1949: Nr. 4 und 13

in Betrieb:
4 25. 07. 1949 – 02. 06. 1959
13 29. 04. 1949 – 22. 07. 1960

5. Büssing 5000 TU, 1951: Nr. 16 und 17

in Betrieb:
16 15. 05. 1951 – 02. 1964
17 06. 08. 1951 – 02. 1964

6. Büssing/Emmelmann TU, 1952: Nr. 18 bis 22

in Betrieb:
18 16. 06. 1952 – 25. 05. 1965 (Reisewagen)
19 16. 06. 1952 – 25. 05. 1965 (Reisewagen)
20 26. 06. 1952 – 02. 1964
21 26. 06. 1952 – 02. 1964
22 26. 06. 1952 – 02. 1964

7. Büssing 4000 T, 1953: Nr. 2

in Betrieb:
2 01. 11. 1953 – 08. 05. 1959 U in Fahrschulwagen, 01. 04. 1967 a

8. Büssing/Emmelmann 6000 T, Automatikgetriebe, 1953: Nr. 3

in Betrieb:
3 01. 11. 1953 – 01. 04. 1967

9. Büssing/Emmelmann TU 7, 1956: Nr. 1, 5, 6 und 23, 1957: Nr. 24 und 25

in Betrieb:
1 06. 12. 1956 – 30. 04. 1968
5 12. 03. 1956 – 25. 05. 1965
6 12. 03. 1956 – 04. 02. 1964
23 06. 12. 1956 – 01. 08. 1965 1967 U zu Hilfsgerätewagen 533, 1981 an SMS
24 11. 10. 1957 – 14. 01. 1970
25 24. 10. 1957 – 30. 04. 1968

10. Büssing/Emmelmann TU 5, 1958: Nr. 26 und 27, 1959: Nr. 28 und 29

in Betrieb:
26 19. 12. 1958 – 31. 03. 1970
27 19. 12. 1958 – 31. 03. 1970
28 12. 01. 1960 – 05. 03. 1970
29 12. 01. 1960 – 08. 05, 1967 U in Fahrschulwagen 531, 10. 12. 1987 vk

11. Büssing 12 RU 7 H, 1961: Nr. 30 bis 45

in Betrieb:
30 23. 01. 1961 – 31. 03. 1973
31 23. 01. 1961 – 31. 03. 1973
32 23. 01. 1961 – 04. 1971
33 21. 01. 1961 – 31. 03. 1973
34 26. 09. 1961 – 05. 10. 1978
35 26. 09. 1961 – 06. 06. 1975
36 26. 09. 1961 – 31. 12. 1977
37 26. 09. 1961 – 03. 05. 1976
38 26. 09. 1961 – 08. 1971
39 30. 10. 1961 – 01. 02. 1964
40 30. 10. 1961 – 06. 05. 1971
41 30. 10. 1961 – 15. 08. 1973
42 30. 10. 1961 – 13. 08. 1973
43 30. 10. 1961 – 01. 04. 1974
44 01. 01. 1962 – 08. 1971
45 01. 01. 1962 – 18. 04. 1977

Bilderbogen der Kleinbusse. Nur kurze Zeit bei den Stadtwerken im Einsatz waren die beiden O 319 (Bild ganz oben), die von einem Privatunternehmen übernommen wurden. Für die Umbauphase der Schauinslandbahn, die mit einer Stillegung des Betriebes verbunden war, wurden zwei VW-Busse beschafft. Da sie auch bei Schnee und Eis zum Gipfel fahren sollten, wurden sie mit einem Allradantrieb ausgerüstet. Unten einer der vier Vetter-Kleinbusse. Sie schieden 1987 aus dem Freiburger Fahrzeugbestand aus

12. Daimler Benz O 322, 1961: Nr. 60 bis 71

in Betrieb:

60	01. 1962 – 21. 10. 1964	an Daimler-Benz zurück	66	01. 01. 1962 – 1971	
61	01. 1962 – 21. 10. 1964	an Daimler-Benz zurück	67	01. 1962 – 30. 12. 1964	an Daimler-Benz zurück
62	01. 01. 1962 – 24. 07. 1972		68	01. 1962 – 30. 12. 1964	an Daimler-Benz zurück
63	09. 11. 1961 – 15. 05. 1972		69	01. 1962 – 07. 12. 1964	an Daimler-Benz zurück
64	01. 01. 1962 – 15. 05. 1972		70	01. 1962 – 01. 06. 1964	an Daimler-Benz zurück
65	01. 01. 1962 – 24. 07. 1972		71	01. 1962 – 29. 12. 1964	an Daimler-Benz zurück

13. Daimler-Benz O 319 D Kleinbusse, Nr. 11 und 12
übernommen von Schauinslandbahn ex Firma Hauck, Bj. 1956 bzw. 1959

in Betrieb:

11	22. 09. 1962 – 12. 05. 1965	U in Schweißwagen 506, 30. 09. 1972 a
12	20. 09. 1962 – 15. 08. 1963	U in Personalwagen, 09. 1970 a

14. Büssing Senator 12, 1962: Nr. 46 bis 51

in Betrieb:

46	06. 12. 1962 – 03. 05. 1976	48	08. 12. 1962 – 09. 01. 1973	50	06. 12. 1962 – 08. 01. 1975
47	06. 12. 1962 – 31. 05. 1976	49	06. 12. 1962 – 06. 05. 1975	51	06. 12. 1962 – 06. 05. 1975

15. Büssing Senator 13 D, 1965: Nr. 52

in Betrieb:

52 01. 06. 1965 – 31. 12. 1977

16. Büssing Präfekt 13 D, 1967: Nr. 53 bis 56

in Betrieb:

53	27. 12. 1967 – 17. 09. 1981	55	27. 12. 1967 – 07. 07. 1981
54	27. 12. 1967 – 07. 07. 1981	56	27. 12. 1967 – 07. 07. 1981

17. Typ Daimler-Benz O 305, 1969: Nr. 1 bis 4, 1971: Nr. 5 bis 11, 1972: Nr. 12 bis 20, 1973: Nr. 21 bis 25, 1978: Nr. 26 bis 28, 1980: Nr. 29 bis 33, 1981: Nr. 34 bis 44, 1984: Nr. 45 und 46

in Betrieb:

1	02. 01. 1970 – 19. 04. 1984	17	01. 12. 1972 – 11. 08. 1987		33	01. 10. 1980 –
2	1969 – 15. 06. 1981	18	01. 12. 1972 – 11. 08. 1987		34	25. 05. 1981 –
3	02. 01. 1970 – 24. 05. 1984	19	01. 12. 1972 – 17. 01. 1983	nun Paketbus	35	09. 06. 1981 –
4	02. 01. 1970 – 19. 01. 1983	20	01. 12. 1972 – 03. 12. 1987		36	08. 06. 1981 –
5	21. 01. 1971 – 01. 04. 1985	21	07. 11. 1973 – 01. 04. 1985		37	09. 06. 1981 –
6	18. 02. 1971 – 10. 07. 1985	22	07. 11. 1973 – 03. 07. 1985		38	09. 06, 1981 –
7	25. 02. 1971 – 08. 02. 1984	23	07. 11. 1973 – 07. 12. 1987		39	01. 09. 1981 –
8	18. 02. 1971 – 17. 12. 1985	24	07. 11. 1973 – 27. 08. 1985		40	01. 09. 1981 –
9	18. 02. 1971 – 03. 07. 1985	25	07. 11. 1973 –		41	01. 09. 1981 –
10	25. 02. 1971 – 08. 08. 1985	26	30. 08. 1978 –		42	01. 09. 1981 –
11	25. 02. 1971 – 08. 08. 1985	27	30. 08. 1978 –		43	01. 09. 1981 –
12	11. 02. 1971 – 19. 06. 1984	28	30. 08. 1978 –		44	01. 09. 1981 –
13	11. 02. 1972 – 30. 10. 1986	29	01. 10. 1980 –		45	08. 10. 1984 –
14	11. 02. 1972 – 30. 10. 1986	30	01. 10. 1980 –		46	23. 10. 1984 –
15	11. 02. 1972 – 03. 12. 1987	31	01. 10. 1980 –			
16	01. 12. 1972 – 07. 12. 1987	32	01. 10. 1980 –			

Die Wagen 17 und 18 wurden an Goldmann & Partner GmbH, Karlsruhe, verkauft
Die Wagen 42 bis 44 sind mit Kamera und Bildschirm ausgestattet

18. Magirus-Deutz 170 SH 110, 1974: Nr. 31, Bj. 1973
1980 umgenummert in 51

in Betrieb:

31/51 04. 04. 1974 – 06. 04. 1982 über Fa. Vetter, Fellbach, an Fa. Zimmermann, Stuttgart, verkauft

19. MAN SL 200, 1974: Nr. 32, Bj. 1973
1980 umgenummert in 52

in Betrieb:
32/52 01. 02. 1974 – 29. 11. 1982 an Fa. Vetter, Fellbach, verkauft

20. Daimler-Benz/Vetter L 613 D/41 Kleinbusse, 1979: Nr. 71 und 72, 1980: Nr. 73 und 74

in Betrieb:

71	01. 03. 1979 – 12. 02. 1987	vk an Omnibus Zeiher, Ludwigsburg
72	01. 03. 1979 – 06. 08. 1987	vk an Firma Rast, Hartheim
73	06. 06. 1980 – 30. 07. 1987	vk an Goldmann & Parnter GmbH, Karlsruhe
74	19. 06. 1980 – 30. 07. 1987	vk an Goldmann & Partner GmbH, Karlsruhe

21. Daimler-Benz O 303 Reisebus, 1980: Nr. 50

in Betrieb:
50 01. 10. 1980

22. Daimler-Benz O 405, 1985: Nr. 1 bis 8, 1986: Nr. 9, 1987: Nr. 813 bis 818
1 bis 9 in 01. 1988 in 801 bis 809 umgenummert

in Betrieb:

1/801	13. 11. 1985 –	9/809	09. 10. 1986 –
2/802	13. 11. 1985 –	813	21. 09. 1987 –
3/803	17. 10. 1985 –	814	21. 09. 1987 –
4/804	06. 11. 1985 –	815	21. 09. 1987 –
5/805	13. 11. 1985 –	816	21. 09. 1987 –
6/806	06. 11. 1985 –	817	13. 12. 1987 –
7/807	13. 11. 1985 –	818	07. 12. 1987 –
8/808	06. 11. 1985 –		

23. Kässbohrer S 215 UL, 1987: Nr. 810 bis 812

in Betrieb:
810 17. 09. 1987 –
811 17. 09. 1987 –
812 17. 09. 1987 –

24. VW-Bus (allradangetrieben), 1987: Nr. 21 und 22

in Betrieb:
21 27. 10. 1987
22 27. 10. 1987

Omnibusse – Gelenkbusse

1. Typ Daimler-Benz/Vetter O 317, 1964: Nr. 301 bis 308, 1965: Nr. 309 bis 318, 1966: Nr. 319 bis 323, 1967: Nr. 324 bis 327, 1968: Nr. 328 bis 330, 1969: Nr. 331 und 332

in Betrieb:

301	10. 11. 1964 – 12. 12. 1982	312	14. 12. 1965 – 16. 03. 1983		323	16. 02. 1967 – 30. 10. 1984
302	24. 11. 1964 – 29. 06. 1982	313	14. 12. 1965 – 27. 10. 1983		324	01. 12. 1967 – 30. 03. 1983
303	24. 11. 1964 – 05. 11. 1982	314	04. 01. 1966 – 04. 08. 1983		325	01. 12. 1967 – 27. 11. 1984
304	30. 11. 1964 – 29. 12. 1982	315	17. 01. 1966 – 28. 11. 1983		326	11. 12. 1967 – 05. 08. 1985
305	30. 11. 1964 – 12. 11. 1982	316	20. 01. 1966 – 29. 06. 1983		327	19. 12. 1967 – 08. 08. 1985
306	03. 12. 1964 – 13. 12. 1982	317	28. 01. 1966 – 19. 04. 1983	an SMS	328	16. 12. 1968 – 08. 08. 1985
307	17. 12. 1964 – 01. 09. 1982	318	10. 02. 1966 – 16. 09. 1983		329	07. 01. 1969 – 08. 08. 1985
308	30. 12. 1964 – 28. 01. 1983	319	21. 11. 1966 – 28. 11. 1983		330	21. 01. 1969 – 01. 06. 1987
309	01. 10. 1965 – 23. 09. 1983	320	02. 12. 1966 – 27. 11. 1984		331	08. 12. 1969 – 01. 06. 1987
310	25. 11. 1965 – 04. 08. 1983	321	09. 01. 1967 – 30. 10. 1984		332	19. 01. 1970 – 11. 08. 1987
311	02. 12. 1965 – 29. 06. 1983	322	06. 02. 1967 – 27. 11. 1984			

2. Daimler-Benz/Vetter O 317 (Teilstandard), 1972: Nr. 333 und 334, 1973: Nr. 335 bis 337, 1974: Nr. 338 und 339, 1975: Nr. 340 bis 344

in Betrieb:

333	02. 05. 1972 – 03. 12. 1987	337	23. 07. 1973 – 07. 12. 1987	341	13. 02. 1975 –
334	17. 07. 1972 – 10. 08. 1987	338	01. 02. 1974 – 07. 12. 1987	342	13. 02. 1975 –
335	04. 01. 1973 – 07. 12. 1987	339	01. 03. 1974 – 07. 12. 1987	343	25. 02. 1975 –
336	01. 03. 1973 – 04. 12. 1987	340	22. 01. 1975 –	344	25. 02. 1975 –

3. Vetter 16 SH, 1982: Nr. 345 bis 354, 1983: Nr. 355 bis 364

in Betrieb:

345	26. 07. 1982 –	350	05. 11. 1982 –	355	20. 06. 1983 –	360	02. 08. 1983 –
346	06. 09. 1982 –	351	29. 11. 1982 –	356	29. 06. 1983 –	361	16. 09. 1983 –
347	01. 10. 1982 –	352	13. 12. 1982 –	357	14. 07. 1983 –	362	06. 10. 1983 –
348	22. 10. 1982 –	353	22. 12. 1982 –	358	26. 07. 1983 –	363	21. 10. 1983 –
349	28. 10. 1982 –	354	26. 01. 1983 –	359	02. 08. 1983 –	364	09. 11. 1983 –

4. Daimler-Benz O 305 G, 1984: Nr. 365 bis 369, 1986: 370 bis 373

in Betrieb:

365	08. 10. 1984 –	368	31. 10. 1984 –	371	09. 10. 1986 –
366	23. 10. 1984 –	369	31. 10. 1984 –	372	09. 10. 1986 –
367	31. 10. 1984 –	370	09. 10. 1986 –	373	09. 10. 1986 –

5. Kässbohrer SG 219 SL, 1987: Nr. 901 bis 912

in Betrieb:

901	05. 10. 1987 –	904	05. 10. 1987 –	907	05. 10. 1987 –	910	05. 10. 1987 –
902	05. 10. 1987 –	905	05. 10. 1987 –	908	05. 10. 1987 –	911	05. 10. 1987 –
903	05. 10. 1987 –	906	05. 10. 1987 –	909	05. 10. 1987 –	912	05. 10. 1987 –

Omnibusse – Anhänger

1. Kässbohrer PA 3, 1943: Nr. 1943: 101, 102

in Betrieb:

101	11. 05. 1943 –	03. 1961
102	11. 05. 1943 –	03. 1961

2. Kässbohrer PA 4, 1943: Nr. 103, 1951: Nr. 108–110

in Betrieb:

103	21. 12. 1943 –	23. 09. 1955	vk an DEBG für Linie Haltingen – Kandern
108	03. 10. 1951 –	12. 1962	U in Baugerätewagen 511, 31. 12. 1985 vk an Firma Adorf, Düsseldorf
109	06. 11. 1951 –	12. 1962	
110	14. 11. 1951 –	12. 1962	

3. Rathgeber, 1949: Nr. 104 und 105, 1950: Nr. 106 und 107

in Betrieb:

104	29. 06. 1949 – 12. 1962		106	07. 01. 1950 – 12. 1962	
105	19. 12. 1949 – 15. 01. 1960		107	04. 05. 1950 – 12. 1962	

4. Kässbohrer PA 5, 1953, Nr. 111 bis 113

in Betrieb:

111	18. 10. 1953 –	12. 1962	
112	18. 10. 1953 –	12. 1962	
113	18. 10. 1953 –	12. 1962	U in Baugerätewagen 512

1982 leitete die Verkehrs-AG eine umfassende Modernisierung des Gelenkbus-Bestandes ein. Zunächst wurden 20 Vetter SH 16 (Bild Mitte) beschafft. Nachdem dieses Unternehmen seine Produktion weitgehend einstellte, wurden von Daimler-Benz neun O 305 G erworben. 1987 folgten erstmals Fahrzeuge des Ulmer Herstellers Kässbohrer. Die erste Lieferung umfaßte zwölf Wagen

Bildnachweis

Boehm, Peter: S. 51 o, 60

Bruder, Günter/Sammlung Bruder: S. 124 u

Büssing: S. 79 u

Burgenmeister, Peter: S. 83 o, 99 u, 107 o, 143 o

Burmeister, Jürgen: S. 91 m, 96 o, 97 u, 105 o, 119 u, 121 u, 139 u

Dettling/Sammlung Dettling: S. 41 m

Freiburger Verkehrs-AG/Sammlung Freiburger Verkehrs-AG: S. 4, 10, 14, 16, 22, 23 u, 24, 25, 31, 36, 41 o, 41 u, 46 o, 46/47, 49 o, 49 m, 55 u, 57, 62 u, 67, 68, 73 u, 77, 80 o, 82 o, 83 m, 85 u, 89 u, 93 u, 101, 129

Hanke, Horst: S. 79 o

Kaufhold, Lukas: S. 76 u

Sammlung L. & A. Kaufhold: S. 40 u

Knist, Horst: S. 74 m

Köhler, Günter H./Sammlung Köhler: S. 47, 71 m

Köth, Arnold: S. 74 u, 82 u, 83 u, 86, 87, 89 o, 95 u, 99 o, 104 u, 126, 127, 139 m, 143 m, 143 u

Löttgers, Dr. Rolf: S. 132

Magirus-Deutz: S. 55 o

MAN: S. 33 u

Michelke, Horst: S. 80 m, 80 u

von Mitzlaff, Berndt/Sammlung Mitzlaff: S. 113, 119 o

Müller, Gerd: S. 93 o

Pressearchiv Pragher, Willy: S. 52 o, 62 o, 63, 65, 96 ul, 96 ur

Reuther, Axel: S. 104 o, 105 m, 105 u

Roth, Fritz: S. 71 o, 74 o, 76 o, 81, 139 o

Ruff, Thomas: S. 89 m

Schrade, Andreas: S. 91 o, 91 u, 95 o, 103 u

Schrott, Oliver/Sammlung Schrott: S. 23 o, 72, 97 ol, 97 or

Sewig, Wolfgang: S. 90 o, 103 o, 107 u

Stadtarchiv Freiburg: S. 9 o, 9 u (Archiv-Nr. M 73/30102), 33 o, 28 o (M 735/20370), 49 u (C4/IV/13416), 51 u (M 751/XXXVII), 79 m (M 751/XXXXIII/67), 121 o, 124 o (M 735)

Thompson, Julian: S. 75 u, 73 o, 85 o, 90 u

Waldvogel: S. 52 u